BLAUE REIHE

Weiterführend empfehlen wir:

**Recruiting to go für Sozial-
und Pflegeeinrichtngen**

ISBN 978-3-8029-7563-9

**Arbeitsmarktzugang für
Ausländer**

ISBN 978-3-8029-7547-9

**Personalentwicklung
in Sozialunternehmen**

ISBN 978-3-8029-5474-0

**Personalmanagement
in Sozial- und Gesundheitsunternehmen**

ISBN 978-3-8029-7546-2

Wir freuen uns über Ihr Interesse an diesem Buch. Gerne stellen wir Ihnen zusätzliche Informationen zu diesem Programmsegment zur Verfügung.

Bitte sprechen Sie uns an:

E-Mail: WALHALLA@WALHALLA.de
http://www.WALHALLA.de

Walhalla Fachverlag · Haus an der Eisernen Brücke · 93042 Regensburg
Telefon (0941) 56 84-0 · Telefax (0941) 56 84-111

Maja Roedenbeck Schäfer

WIE DIE ANWERBUNG VON AUSLÄNDISCHEN FACHKRÄFTEN GUT GELINGEN KANN

Internationales Recruiting in Sozial- und Gesundheitsunternehmen

Bibliografische Information der Deutschen Nationalbibliothek

Die Deutsche Nationalbibliothek verzeichnet diese Publikation in der Deutschen National-
bibliografie; detaillierte bibliografische Daten sind im Internet über http://dnb.dnb.de ab-
rufbar.

Zitiervorschlag:

Roedenbeck Schäfer, M. (2018): Wie die Anwerbung von ausländischen Fachkräften gut gelingen
kann, Walhalla Fachverlag, Regensburg 2018

Herausgeber der BLAUEN REIHE sind:

- Prof. Dr. Paul Brandl, Fachhochschule Oberösterreich
- Prof. Dr. Astrid Herold-Majumdar, Hochschule für angewandte Wissen-
  schaften München
- Prof. Dr. Thomas Prinz, Fachhochschule Oberösterreich
- Prof. Dr. Klaus Schellberg, Evangelische Hochschule Nürnberg
- Prof. Dr. Armin Schneider, Hochschule Koblenz
- Prof. Dr. Stephan F. Wagner (†), Geschäftsführer der Paritätischen Akademie
  Berlin

Weitere Infos zum Herausgeber-Team und zur BLAUEN REIHE finden Sie unter:
www.fokus-sozialmanagement.de

Hinweis: Unsere Werke sind stets bemüht, Sie nach bestem Wissen zu informieren. Alle Angaben in diesem Buch sind sorgfältig zusammengetragen und geprüft. Durch Neuerungen in
der Gesetzgebung, Rechtsprechung, neue wissenschaftliche Erkenntnisse sowie durch den
Zeitablauf ergeben sich zwangsläufig Änderungen. Bitte haben Sie deshalb Verständnis
dafür, dass wir für die Vollständigkeit und Richtigkeit des Inhalts keine Haftung übernehmen.

SBL-KDM-0318-24587-POD

Inhaltsverzeichnis

Verzeichnis der Erfahrungsberichte und Interviews

Verzeichnis der Übersichten und Checklisten

Internationales Recruiting als Baustein der Personalstrategie

Meist beginnt es mit einer E-Mail: Ein Bildungsinstitut aus Osteuropa fragt an, ob man nicht irgendwie kooperieren und Pflegekräfte nach Deutschland schicken könne. Eine Personalagentur sendet Hochglanzpräsentationen, die in schönstem Marketing-Sprech die Motivation asiatischer Krankenpfleger preisen. Oder eine ausländische Fachkraft bittet in rudimentärem Deutsch um Arbeit und fügt als Anhang etwas an, das entfernt an Bewerbungsunterlagen erinnert. Leicht überfordert löscht man als Personaler die Nachricht, denn woher soll man die Zeit nehmen, sich mit solch unkonkreten Ideen und unvollständig übersetzten Lebensläufen auseinanderzusetzen? Wer garantiert einem, dass die Personalagentur nicht zu viel verspricht? Und wen kann man fragen, was zu tun wäre, wenn man in Erwägung zöge, der einen oder anderen Anfrage nachzugehen? Doch das schlechte Gewissen meldet sich sofort. Das ungute Gefühl, vielleicht gerade die Chance verpasst zu haben, dem Fachkräftemangel in der eigenen Einrichtung strategisch zu begegnen. Erst recht, wenn die Konkurrenz kürzlich in der Lokalpresse die Ankunft von zehn internationalen Neuzugängen gefeiert hat.

Ziel dieses Buches ist es darum, Führungskräfte in der Sozial- und Gesundheitswirtschaft zu befähigen, eine fundierte Entscheidung zu treffen, ob internationales Recruiting als Methode zum eigenen Unternehmen passt. Jenen, die diesen Weg beschreiten möchten, wird aufgezeigt, welche Schritte zu gehen sind, welche realistischen Erfolge erwartet werden können, mit welchen Hürden aber auch zu rechnen ist. Und denen, die unvorbereitet losgelegt haben und ins Stocken geraten sind, werden Auswege und Optimierungsmöglichkeiten angeboten. Denn da herkömmliche Maßnahmen der Personalgewinnung wie Stellenanzeigen und Karrieremessen auf dem abgegrasten deutschen Fachkräftemarkt schon lange nicht mehr den gewünschten Erfolg bringen, nehmen in der zeitgemäß aufgestellten Personalabteilung ihren Platz längst andere Methoden ein: etwa Recruiting-Apps oder die Direktansprache von Kandidaten in Karrierenetzwerken. Die Anwerbung von Fachkräften aus dem Ausland kann ein weiterer Baustein sein.

Berechtigte Vorbehalte?

Die Befürchtung, dass die finanziellen und personellen Ressourcen und auch das Know-how im Hause nicht ausreichen, um ein internationales Recruiting-Projekt zu stemmen, hält viele Arbeitgeber ab. Es wird vermutet, dass junge Menschen, die für eine Sozial- oder Pflegeausbildung nach Deutschland kommen, keine echte Berufung dafür in sich spüren, sondern lediglich die Chance ergreifen, der Perspektivlosigkeit in ihrer Heimat zu entfliehen. Auch Berichte über schwarze Schafe unter den privaten, gewinnorientierten Arbeitsvermittlern, die an der Grenze zum Menschenhandel Fachkräfte mit Knebelverträgen an sich binden, als Leiharbeiter ausnutzen und ihnen nur einen Bruchteil ihres Gehalts auszahlen, sorgen für Unsicherheit. Die illegale Beschäftigung ausländischer Frauen in der häuslichen Pflege ist ein großes Problem – damit möchte man als Arbeitgeber nicht in Verbindung gebracht werden. Presseberichte über gescheiterte Massenrekrutierungen vor allem aus Spanien bestimmen das Meinungsbild, obwohl die Bertelsmann-Studie „Internationale Fachkräfterekrutierung in der deutschen Pflegebranche" dagegenhält, dass 73 Prozent der aus dem Ausland angeworbenen Pflegefachkräfte drei Jahre nach der Anwerbung noch in den befragten Unternehmen beschäftigt seien. Kritiker meinen, die Diskussion über internationale Personalgewinnung sei bloß ein Manöver, um von den Problemen in deutschen Krankenhäusern und Pflegeheimen abzulenken, die die ausländischen Fachkräfte auch nicht lösen würden. Die Zweifel haben zudem eine entwicklungspolitische Dimension: Dürfen wir anderen Ländern ihre Krankenpflegerinnen abwerben mit der Folge, dass sich der Fachkräftemangel dann in diese Länder verlagert? Dass die jungen, gut ausgebildeten, arbeitsfähigen Menschen auswandern und nur Senioren zurückbleiben? Brain Drain nennen Experten das Phänomen.

Moralische Orientierung bietet im Bereich der Pflege der „Globale Verhaltenskodex der Weltgesundheitsorganisation (WHO) für die internationale Anwerbung von Gesundheitsfachkräften" von 2010, den die Bundesregierung unterstützt. Er empfiehlt, „von der aktiven internationalen Abwerbung von Gesundheitsfachkräften aus Entwicklungsländern mit einem kritischen Mangel an Gesundheitsfachkräften abzusehen". 57 Länder mit einem kritischen Mangel werden gelistet. Wer sich nicht daran hält, riskiert eine Strafe. Doch der Kodex erfährt Kritik von verschiedenen Seiten. Die Stiftung Wissenschaft und Politik hält ihn für widersprüchlich. Auf ihrer Webseite schreibt die Stiftung: „[Der Kodex] empfiehlt, auf die Rekrutierung aus bestimmten Ländern zu verzichten, will aber gleichzeitig das Recht der Fachkräfte auf internationale Mobilität nicht beschränken." Das passe nicht zusammen, heißt es auch im Strategiepapier „Arbeitsmigration und Pflege" der Diakonie Deutschland: Arbeitsmigration gehöre zur Menschheitsgeschichte ebenso wie zu den Menschenrechten. Laut genanntem Strategiepapier wird der Kodex sowieso fehlinterpretiert. Er untersage keineswegs grundsätzlich die Anwerbung aus den gelisteten Ländern, sondern fordere nur, dass beide Seiten profitieren sollen: das Herkunfts- und das Zielland. Wer entwicklungsfördernde Projekte vor Ort unterstützt und Fachkräften, die dies wünschen, eine geordnete Rückkehr in die Heimat ermöglicht, könnte den Forderungen möglicherweise schon gerecht werden. Einen weiteren Aspekt bringt Jessica Hernández von der Unternehmensberatung contec, die an der Bertelsmann-Studie „Internationale Fachkräfterekrutierung in der deutschen Pflegebranche" mitgewirkt hat, ins Spiel: „Der Verhaltenskodex der WHO steht in Fachkreisen in der Kritik, weil die Empfehlungen auf teils sehr veralteten Zahlen beruhen. Aus Indien sollen wir beispielsweise nicht rekrutieren, weil es dort weniger als die durchschnittlichen 2,28 Ärzte, Pfleger und Hebammen pro 1.000 Kopf der Bevölkerung gibt, doch die Berechnungen beruhen auf Zahlen von 1996. Der Grenzwert wurde aus dem Jahr 2006 übernommen. Zwischen Ländern, aus denen rekrutiert werden darf, und Ländern, aus denen nicht rekrutiert werden soll, bestehen teils nur minimale Unterschiede." An diesem Beispiel zeigt sich symptomatisch, wie die Bemühungen offizieller Stellen, für mehr Orientierung auf dem Feld der Arbeitsmigration zu sorgen, eher mehr Verwirrung stiften.

Den Vorbehalten gegenüber stehen die Chancen, die das internationale Recruiting eröffnet. Sie gehen weit über die Möglichkeit, vakante Arbeitsplätze zu besetzen, hinaus. Erstens: Wer legale Wege der Arbeitsmigration schafft, wirkt ihren illegalen Auswüchsen entgegen. Zweitens: Wer Multikulti wagt, entwickelt sich als Arbeitgeber weiter und macht sein Unternehmen zukunftsfähig. „Eine vielfältige Belegschaft vereint umfangreiches Wissen mit unterschiedlichen Sichtweisen, Erfahrungen und Lösungswegen. Diese Vorzüge sind eine Quelle für mehr Flexibilität, Kreativität und Innovationsfähigkeit sowie für die Verbesserung von Prozessen und die Steigerung der Produktivität", schreibt Matthias Schneider im Leitfaden „Nachhaltige internationale Personalgewinnung" des

Bildungswerks der Baden-Württembergischen Wirtschaft. Drittens: Wer Vielfalt großschreibt, positioniert sich als moderner Arbeitgeber. Nicht umsonst schmücken sich große Wirtschaftsunternehmen mit sogenannten „Diversity Managern", also Mitarbeitern, die dafür sorgen sollen, dass sich die Belegschaft möglichst bunt zusammensetzt und dabei keine Reibungsverluste entstehen. Gerade bei der Generation Y, den heute knapp über Dreißigjährigen, die als erste Generation mit digitalen Medien aufgewachsen sind und Globalisierung als Naturzustand begreifen, kommt das gut an. Viertens: Multikulti ist sowieso schon längst in deutschen Sozial- und Gesundheitseinrichtungen angekommen. Der Anteil von Patienten mit Migrationshintergrund in den Einrichtungen nehme zu, betont die Diakonie Deutschland in ihrem Strategiepapier „Arbeitsmigration und Pflege": „Hier bringt Pflegepersonal mit internationalem Hintergrund wichtige Erfahrungen für die Gestaltung des Pflegeprozesses ein. Gerade älter werdende Eingewanderte wünschen eine Pflege, die ihre mit ihrem Herkunftsland verbundene Identität sowie daraus erwachsende Bedürfnisse berücksichtigt."

Doch trotz der genannten und vieler weiterer Argumente überwiegt im Sozial- und Gesundheitswesen die Skepsis. Arbeitgeber der Branche zögern beim Thema internationales Recruiting genauso wie beim Social Recruiting (Personalgewinnung in den sozialen Netzwerken) oder beim Active Sourcing (Direktansprache von Pflegekräften in Karrierenetzwerken und Lebenslaufdatenbanken). „Trotz der anhaltenden Schwierigkeiten, adäquates Personal zu gewinnen, ist die Rekrutierung aus dem Ausland nur das letzte Mittel der Wahl", resümiert die Bertelsmann-Studie „Internationale Fachkräfterekrutierung in der deutschen Pflegebranche". „Gerade einmal ein Sechstel der Betriebe wählt diesen Weg. Im Osten Deutschlands sind es sogar noch weniger. Lieber werben die Einrichtungen Personal von der Konkurrenz ab oder versuchen, den Krankenstand zu senken. Zu aufwendig, zu teuer, zu hohe rechtliche und sprachliche Hürden lauten die Begründungen für die Zurückhaltung." In Zahlen: 16 Prozent der in 2015 befragten Pflegeeinrichtungen rekrutierten aus dem Ausland, 41 Prozent konnten sich vorstellen, dies in Zukunft zu tun, und 59 Prozent lehnten diese Methode aus genannten Gründen ab. Doch die Argumentation „zu kompliziert, zu teuer, zu aufwendig" hinkt. Bei keinem der Pioniere, die heute erfolgreich internationales Recruiting betreiben, waren von Anfang an ausreichend Geld, Zeit und Know-how vorhanden. Die Programme entstehen ja nicht, weil die Personalabteilung Langeweile hat und nicht weiß, wohin mit ihrem Etat, sondern weil der Leidensdruck so groß geworden ist, dass es nicht mehr anders geht. Das Motto lautet allerorts „learning by doing". Verantwortlichkeiten werden geklärt, zunächst vorübergehende und dann langfristige Finanzierungsmöglichkeiten gefunden, Expertenwissen wird in Anspruch genommen. Fehler werden gemacht und nachgebessert. Und irgendwann läuft die Sache. Auch wenn laut der erwähnten Bertelsmann-Studie 54 Prozent der Pflegeeinrichtungen, die sich im internationalen Recruiting betätigen, den Aufwand als hoch oder sehr hoch einschätzen, sind 60 Prozent zufrieden oder sehr zufrieden mit den im Ausland angeworbenen Fachkräften. Natürlich gibt es Gegenbeispiele, Rückschläge und Hindernisse. Wir werden uns im Folgenden auch mit Projekten auseinandersetzen, die gescheitert sind, und fragen, warum. Das internationale Recruiting sollte weder beschönigt noch verteufelt werden. Es ist eine Methode der Personalgewinnung, die wie alle anderen auch ihre Vor- und Nachteile mit sich bringt. Die den Fachkräftemangel nicht alleine besiegen kann und auch kein einfacher Lösungsansatz ist. Auf jeden Fall aber ist es eine ernstzunehmende Alternative zu den herkömmlichen Rekrutierungsmethoden.

Von den Pionieren lernen

Dieser Fachratgeber zeigt Ihnen die Chancen und Erfolge, aber auch die Herausforderungen und Risiken auf. Die einzelnen Kapitel sind angereichert mit Erfahrungsberichten aus verschiedenen Perspektiven. Ein ausländisches Bildungsinstitut, das auf der Suche nach einem deutschen Kooperationspartner ist, kommt genauso zu Wort wie mehrere deutsche Arbeitgeber, die ausländische Fachkräfte eingestellt und damit mehr oder weniger Erfolg gehabt haben. Darunter ein Pionier, der bereits seit siebzehn Jahren aktiv ist, und Anfänger, die gerade im ersten oder zweiten Projektdurchlauf stecken. Dazu ein Welcome Center, das Unternehmen zum internationalen Recruiting berät, eine Personalagentur und eine Organisationsberatung, die unterschiedliche Konzepte verfolgen, um Pflegepersonal nach Deutschland zu holen. Auch ausländische Fachkräfte, die in Deutschland eine neue berufliche Heimat gefunden haben oder noch auf der Suche danach sind, erzählen ihre Geschichten. Ziel ist es, ein umfassendes Erfahrungsbild zu zeichnen und die verschiedenen Akteure der Szene sichtbar zu machen. Handlungsempfehlungen lassen sich daraus unbedingt ableiten, nicht aber ein Königsweg, mit dem Ihr internationales Recruiting-Projekt garantiert zum Erfolg wird. Je mehr Beteiligte man befragt, desto klarer wird: Was für den einen Arbeitgeber funktioniert, muss für den anderen nicht das Richtige sein. Aus den drei Zutaten „Herkunftsland", „Programmformat" und „Kooperationspartner" lassen sich in unterschiedlichsten Kombinationen unterschiedlichste Herangehensweisen zusammensetzen, sodass kaum ein Projekt dem nächsten gleicht.

Einige grundsätzliche Erfolgsfaktoren werden allerdings übereinstimmend von allen Experten bekräftigt. Einen davon unterstreicht Jessica Hernández von der Unternehmensberatung contec: „Das Erfolgsgeheimnis ist, das internationale Recruiting nachhaltig aufzubauen. Wer nach dem Motto vorgeht: ›Ist mir egal, ob sich die internationalen Fachkräfte bei mir wohlfühlen, Hauptsache, ich habe erstmal jemanden. Und wenn der eine geht, hole ich eben den nächsten!‹, der wird keinen Erfolg haben. Wer halbherzig agiert nach dem Motto: ›Jetzt hab' ich zwei Pflegekräfte aus Rumänien geholt, als nächstes versuch' ich mal zwei aus Ungarn und dann ruh' ich mich erstmal zwei Jahre aus, weil mir das alles zu anstrengend ist‹, der wird auch nicht weit kommen. Solch unüberlegter Aktionismus führt nur zu Unzufriedenheit in der Stammbelegschaft." Wer nach anderthalb Jahren entnervt das Handtuch wirft, hat ebenfalls etwas falsch verstanden. Es ist noch viel zu früh, um über Erfolg oder Misserfolg zu entscheiden. Ein solches Vorgehen zeigt nur, dass das Projekt nicht informiert genug vorbereitet wurde. Konsens herrscht auch darüber, dass ausländische Fachkräfte nicht einfach nur nach Deutschland geholt und im Dienstplan eingeteilt werden können, sondern umfangreiche Betreuung und Begleitung bei der Integration brauchen. Massenanwerbungen (damit sind große Gruppen von 40, 50 oder mehr Personen auf einen Schlag gemeint) funktionieren deshalb nicht, berichten verschiedene Projektverantwortliche übereinstimmend.

Genauso wichtig: Mit der Anwerbung ausländischer Fachkräfte sollten Sie nur dann beginnen, wenn Ihre Mitarbeiter weitgehend zufrieden mit Ihnen als Arbeitgeber sind. Ihre Belegschaft wird einer argen Belastungsprobe ausgesetzt werden. Und dafür braucht es das stabile Grundgerüst einer hohen Mitarbeiterzufriedenheit. Wenn diese nicht vorhanden ist, sollten Sie zuerst Maßnahmen in dieser Richtung ergreifen. Nicht zuletzt betonten viele meiner Gesprächspartner, dass Arbeitgeber zunächst alle modernen Möglichkeiten der Fachkräftegewinnung im eigenen Land durchführen und professionalisieren sollten (angefangen mit einem Employer Branding-Strategieprozess), bevor sie sich im Ausland nach neuen Mitarbeitern umschauen.

Der Employer Branding-Strategieprozess

Die Grundlage für die Modernisierung Ihrer Personalgewinnung bildet der sogenannte Employer Branding-Strategieprozess. Dabei entwickeln Sie zunächst eine sogenannte Arbeitgebermarke, indem Sie herausarbeiten, durch welches Alleinstellungsmerkmal sich Ihr Unternehmen als Arbeitgeber auszeichnet, welche Vorteile Mitarbeiter in Ihrem Unternehmen haben und für welches Personalthema Sie sich besonders einsetzen. Diese zentralen Botschaften bilden das Dach über allen neuen Personalmarketing- und Recruiting-Maßnahmen, die Sie in Zukunft durchführen – einschließlich des internationalen Recruitings. Mehr Einzelheiten verrät mein Leitfaden „Employer Branding in Sozial- und Pflegeeinrichtungen": http://bit.ly/2h3niqZ.

Während bestimmte Erfolgsfaktoren für das internationale Recruiting also allgemeingültig sind, weichen die Erfahrungen der Pioniere in anderen Aspekten stark voneinander ab: Der eine hält die Rekrutierung von Auszubildenden für sinnvoller als die Rekrutierung von Fachkräften mit Berufsabschluss, weil die Migranten in Ausbildung das deutsche Gesundheitssystem von Grund auf kennenlernen können. Der andere sieht es genau anders herum. Immerhin können Fachkräfte mit Berufsabschluss schneller als vollwertige Pflegekräfte eingesetzt werden. Während der eine die Kooperation aus zwei Partnern – deutscher Arbeitgeber und ausländisches Bildungsinstitut – für die sinnvollste Lösung hält, weil „mehr Köche nur den Brei verderben", schwören andere auf ein Dreier-Netzwerk, zu dem zusätzlich noch eine Personalagentur oder Organisationsberatung gehört, um die komplexen Vorgänge zu steuern. Während der eine die detaillierte Projektbeschreibung als Entscheidungsgrundlage für ein Engagement im internationalen Recruiting unerlässlich findet, plädiert der andere dafür, flexibel zu bleiben und die konkreten Rahmenbedingungen erst im Prozess nach und nach festzulegen. Während der eine die Erfahrung gemacht hat, dass Migranten am besten mit Deutschkenntnissen auf Niveau B1 nach

Deutschland geholt werden sollten, weil B2-Kurse im Ausland kaum Verbesserung in den Sprachkenntnissen bringen, sagt der andere, Niveau B2 müsse sein, weil die Anerkennung als Fachkraft sonst zu lange dauert. Während der eine meint, in Ländern mit großen Problemen im Gesundheitssektor solle man nicht abwerben, weil das Land dann vollends im Chaos versinke, meinen andere: Erst wenn die dortigen Regierungen sähen, dass ihre Fachkräfte abwandern, werde sich etwas ändern. An der einen Stelle heißt es, die ganze Mühe lohne sich nur, wenn ein großer Träger ausländische Fachkräfte regelmäßig in Gruppen anwürbe. „Für kleinere Unternehmen ist die Anwerbung von Fachkräften aus dem Ausland eher schwierig zu stemmen", meint auch Jessica Hernández von der Unternehmensberatung contec. An anderer Stelle wird dagegen empfohlen, gerade auf kleinere Programme in familiären Einrichtungen zu setzen. Man müsse eben nur an renommierte Projekte wie „Triple Win" (siehe Kapitel 2.3.2 „Kooperationsform entscheiden") andocken, über die es möglich sei, auch vereinzelte Fachkräfte gut vorbereitet nach Deutschland zu holen. „Wenn eine kleine Einrichtung oder ein kleiner Verbund fünf ausländische Pflegekräfte einstellt, entsteht viel schneller eine enge Bindung. Der Geschäftsführer kann sie persönlich begrüßen oder sogar selbst ins Ausland fahren. Vielleicht bleiben von den fünf Pflegekräften wirklich 100 Prozent in der Einrichtung, während bei der Massenrekrutierung die Hälfte wieder abspringt", meint Georg Abel, Geschäftsführer der Kliniken Beelitz. Auch darüber, wie groß der Baustein des internationalen Recruitings im Vergleich zu anderen Methoden der Personalgewinnung sein kann, gibt es unterschiedliche Ansichten: Der eine hat die Erfahrung gemacht, dass mehr als eine ausländische Fachkraft pro Station, Abteilung oder Team nicht sinnvoll integriert werden kann. Ein anderer spricht von einer Quote von 30 bis 40 Prozent, die über das internationale Recruiting gedeckt werden könne. Die Bertelsmann-Studie kommt für 2015 auf einen Ist-Zustand von 5,5 Prozent sozialversicherungspflichtig Beschäftigten mit ausländischer Staatsangehörigkeit in der Pflege.

Diese widersprüchlichen Erfahrungen habe ich ganz bewusst nebeneinander stehen gelassen, denn sie beschreiben die bunte Realität der Pionierprojekte zur Anwerbung von ausländischen Fachkräften im Sozial- und Gesundheitswesen. In vielen Details gibt es kein Richtig und Falsch. Genauso wie die Methode insgesamt ihre Chancen und Risiken hat, haben eben auch ihre verschiedenen Formate eigene Vor- und Nachteile. Und die verschiedenen Beteiligten ihre eigenen Perspektiven, die oft schwer zu vereinbaren sind.

Umso wichtiger ist es, sich sorgfältig vorzubereiten. Der beste Tipp lautet: Schauen Sie sich verschiedene internationale Recruiting-Projekte persönlich an, bevor Sie starten. Tauschen Sie sich mit erfahrenen Arbeitgebern aus, treten Sie internationalen Netzwerken bei. Informieren Sie sich bei den zahlreich vorhandenen Beratungsangeboten. Bitten Sie um Empfehlungen und Kontakte, gründen Sie regionale Austausch-Gruppen mit gleichgesinnten Arbeitgebern, anstatt gegeneinander in Konkurrenz zu treten. Und lassen Sie sich nicht von den komplexen Prozessen, die im Folgenden beschrieben werden, abschrecken. Zugegeben, die zu bedenkenden Aspekte, die Hürden und Fallstricke sind zahlreich und können nachdenklich stimmen. All die Jahre, die Arbeitgeber herumexperimentieren, bevor sie ein für sich funktionierendes Konzept entwickelt haben. All die Geduldsproben, denen sich die Beteiligten im Umgang mit Behörden ausgesetzt sehen. All die unterschiedlichen Bedürfnisse, die unter einen Hut gebracht werden müssen. Aber lesen Sie auch aufmerksam, warum Arbeitgeber sich dennoch in diesem Bereich engagieren. Nicht nur, weil der Fachkräftemangel ihnen keine andere Wahl lässt. Sondern auch, weil internationale Rekrutierung für alle Beteiligten ungeheuer inspirierend ist. Weil sie einen Beitrag zur Gestaltung einer neuen, bunten Weltgemeinschaft leistet. Weil sie glücklich macht, wenn sie gelingt – denn Sie haben dann nicht nur eine neue Fachkraft für Ihr Unternehmen gewonnen, sondern eine entscheidende Wende im Lebensweg eines Menschen gestaltet.

Dieser Fachratgeber macht im Gegensatz zu manchem kursierenden Leitfaden, der den Anschein erweckt, auf zehn Seiten könne das Wichtigste gesagt werden, kein Geheimnis daraus, welche unvorhergesehenen und anstrengenden Dinge passieren können. Im Gegensatz zu manchem Medienbericht, der von gescheiterten Recruiting-Programmen erzählt, macht er aber auch nicht bei der ersten großen Krise Halt, sondern folgt den Akteuren in die zweite Projektphase, in der sie aus ihren Fehlern in der ersten Runde lernen. Wenn Sie zu Ende gelesen haben, sind Sie auf die meisten Herausforderungen, die im internationalen Recruiting auf Sie zukommen werden, vorbereitet und werden keine großen Überraschungen mehr erleben.

Hinweise zum Buch

Ein Großteil der Erfahrungswerte, die im Folgenden versammelt sind, stammt aus dem Gesundheitswesen. Das liegt daran, dass aufgrund bestimmter rechtlicher Rahmenbedingungen das Engagement von Pflegeeinrichtungen im internationalen Recruiting weitaus größer ist als das Engagement sozialer Einrichtungen. Die Tipps und Empfehlungen lassen sich aber auch auf soziale beziehungsweise pädagogische Arbeitgeber und schließlich auch auf Arbeitgeber aus anderen Unternehmen übertragen. Kapitel 4 geht auf die Besonderheiten im Sozialwesen ein.

Die rechtlichen Regelungen, die in diesem Fachratgeber erläutert werden, befinden sich auf dem Stand Januar 2018. Da sich hier ständig etwas ändern kann, ist es ratsam, sich diesbezüglich aktuell beraten zu lassen.

In den einzelnen Kapiteln weise ich immer wieder auf weiterführende Internetseiten oder auf gelungene Beispiele im Netz hin. Um den Lesefluss nicht zu stören, sind die Internetadressen teilweise „verkürzt" wiedergegeben, zur Erstellung wurde ein URL-Shortener verwendet, der aus langen Webadressen eine „Abkürzung" macht. Sofern die „Langadresse" angegeben ist, wurde auf das übliche „www" verzichtet; moderne Browser setzen dies seit Langem automatisch dazu, wenn man diese Hauptadresse angibt.

Und noch ein letzter Hinweis: Ausschließlich aus Gründen der besseren Lesbarkeit wird im Folgenden auf die gleichzeitige Verwendung männlicher und weiblicher Sprachformen verzichtet, ohne damit jedoch eine Diskriminierung zum Ausdruck bringen zu wollen.

Maja Roedenbeck Schäfer, im Januar 2018

1. Die Konzeptionsphase: Notwendige Vorüberlegungen

1.1 Strategieentscheidung der Geschäftsführung und unternehmensstrategischer Prozess

Wie viele Projektverantwortliche mir bestätigten, werden Unternehmen von einem internationalen Recruiting-Projekt häufig überrumpelt. Die strategische Einführung kostet, so wird befürchtet, zu viel Zeit, und die Gefahr, sich auf der Strecke zu verzetteln und in Abstimmungsschleifen zu verheddern, ist groß. Also wird eher im stillen Kämmerlein probiert. Manchmal scheut das Management auch die klare Entscheidung und möchte ein großes Aufhebens vermeiden. Dann kommt das „Go!" eher halbherzig, wenn es nicht mehr anders geht. Jahrelang liebäugelt man eher misstrauisch mit der Idee, bis dann plötzlich eine vielversprechende Kooperationsanfrage eingeht und alles ganz schnell geht.

Häufig ist ein Wechsel in der Geschäftsführung oder Pflegedienstleitung der Auslöser. Daran ist nichts auszusetzen: Frischer Wind tut der Personalabteilung immer gut. Viele positive Veränderungen in Unternehmen beginnen damit, dass sich jemand mutig in unbekannte Gewässer vorwagt. Gleichzeitig müssen aber auch die Risiken abgewogen werden: Je überstürzter und unvorbereiteter ausländische Fachkräfte ins Unternehmen geholt werden, desto wahrscheinlicher wird es unnötige Schwierigkeiten geben. Manchmal funktioniert ein Auslandsprogramm einfach, indem man „mal macht", doch oft ist das Fehlen eines strategischen Vorgehens genau der Grund, aus dem das Programm am Ende scheitert. Und selbst wenn es funktioniert, müssen die Projektverantwortlichen einsehen, dass die Anwerbung von ausländischen Fachkräften nicht heimlich, still und leise in der Personalabteilung eingetütet werden kann, sondern dass das Projekt große Wogen im Unternehmen schlägt, die dann eilig geglättet werden müssen. Darum möchte und muss ich hier dringend dafür werben, strategisch vorzugehen. Es liegen genügend Erfahrungswerte vor, um zu verhindern, dass Sie als Arbeitgeber in dieselben Fallen tappen wie Dutzende vor Ihnen.

Also noch einmal ganz deutlich: Die Einführung eines internationalen Recruiting-Programms ist ein unternehmensstrategischer Prozess. Die Entscheidungsverantwortung liegt bei der Geschäftsführung, die voll und ganz dahinterstehen muss, dass die Anwerbung von ausländischen Fachkräften nun ausprobiert werden soll – mit der nötigen Ausdauer (mindestens drei Jahre), um wirklich über Erfolg oder Misserfolg entscheiden zu können. Mit der Chance, das Unternehmen in seiner Strategie gegen den Fachkräftemangel einen großen Schritt voranzubringen, aber auch mit dem Risiko, Entwicklungen mit weitreichenden Konsequenzen in Gang zu setzen.

Doch nicht nur das Management, sondern das gesamte Unternehmen muss eingebunden werden. Denn auch die Pflegedienstleitung, die Stationsleitungen, die Praxisanleiter, der Qualitätsmanager, der Pressesprecher, die Öffentlichkeitsarbeiter, die Rechtsabteilung und viele weitere Beteiligte (am Ende eigentlich die gesamte Mitarbeiterschaft) werden mit den ausländischen Fachkräften in Kontakt kommen und den einen oder anderen Beitrag leisten müssen, damit das Projekt gelingt. Der Hausmeister, der die neuen Mitarbeiter freundlich am Flughafen abholt und die ersten Eindrücke prägt, spielt eine genauso entscheidende Rolle wie der Jurist, der den Vorvertrag aufsetzt und darin eine gute Balance zwischen dem Bedürfnis des Arbeitnehmers, flexibel zu bleiben, und dem Bedürfnis des Arbeitgebers, langfristig planen zu können, finden muss. Oder wie der Pressesprecher, der durch umsichtige Pressearbeit die Geschichten der ausländischen Fachkräfte in Szene setzen sollte, aber auch auf kritische Medienstimmen vorbereitet sein muss.

Je früher alle Betroffenen Bescheid wissen und sich einbringen dürfen, desto größer ist die Chance, dass am Ende alle an einem Strang ziehen. Anstatt das Projekt zu boykottieren, weil sie den Sinn nicht sehen und über die entstandene Mehrarbeit frustriert sind. Im Laufe der Umsetzung wird sich Ihr Unternehmen nachhaltig verändern. Missstände und Entwicklungspotenzial rund um Bewerbungsprozesse, Personalentwicklung oder Mitarbeiterbindung auch in Bezug auf Ihre deutschen Mitarbeiter werden aufgedeckt werden – stellen Sie sich auf eine intensive Zeit ein!

Schritte der strategischen Einführung eines internationalen Recruiting-Programms

1. **Projektstart** (Management überzeugen, Budget aushandeln, Projektleitung bestimmen/einstellen)

2. **Research-Phase** (mittel- und langfristige Personalbedarfe feststellen, internationale Recruiting-Programme anderer Unternehmen anschauen, in der Mitarbeiterschaft nach Kontakten ins Ausland forschen, Kennenlerntermine mit möglichen Kooperationspartnern vereinbaren, sich von Stellen wie Welcome Centern beraten lassen, ...)

---

3. **Konzeptionsphase** (Varianten abwägen, für ein Programmformat und Herkunftsland entscheiden, Zeit- und Kostenplan aufstellen, Erfolgskennzahlen festlegen, Konzept schriftlich festhalten)

4. **Vorbereitungsphase** (Stellenausschreibung im Herkunftsland veröffentlichen, Vorstellungsgespräche vor Ort durchführen, Sprach- und Orientierungskurse möglichst noch im Herkunftsland anbieten, Hospitationen in Deutschland durchführen, rechtliche Rahmenbedingungen wie Aufenthaltstitel, Arbeitserlaubnis und Anerkennung der ausländischen Berufsabschlüsse klären, die Anreise organisieren, ...)

5. **Integrationsphase** (Einreise, Willkommensevents, Kulturprogramm, Integrations-Workshops mit deutschen und ausländischen Mitarbeitern, Anpassungsqualifizierung, andauernde Klärung der rechtlichen Rahmenbedingungen, Intensiv-Sprachkurse, ...)

6. **Bindungsphase** (Aufbau-Sprachkurse, Feedback- und Personalentwicklungsgespräche, passende Fort- und Weiterbildungen anbieten, Familiennachzug ermöglichen, neue Wohnung oder besser passende Arbeitsstelle finden, falls die Erstlösung noch nicht zufriedenstellend war, zusätzliche Wohlfühlfaktoren wie Auto organisieren, Reise mit den deutschen Kollegen ins Herkunftsland der ausländischen Fachkräfte, ...)

7. **Evaluation** (Messung der festgelegten Erfolgskennzahlen, Optimierung der Konzeption für den zweiten Projektdurchlauf, Folgeprozesse wie Personalentwicklungsstrategien oder Mitarbeiterbindungsprogramme anstoßen)

„Internationales Recruiting ist keine Notlösung"

Katalin Bordi, Angehörige der ungarischen Minderheit in Rumänien, wurde im Jahr 2002 selbst als Krankenschwester nach Deutschland angeworben. Inzwischen ist sie seit 15 Jahren hier und betreut bei der Agaplesion gemeinnützigen AG die Themen „Internationales Recruiting" und Personalentwicklung. Dazu berät sie die über einhundert eigenständig agierenden Einrichtungen des Konzerns, der insgesamt 17 Jahre Erfahrung mit der Anwerbung von Fachkräften aus dem Ausland hat. Der Erfahrungsbericht zeigt, dass Unternehmen ihre Strategien für die internationale Rekrutierung ständig den sich verändernden Rahmenbedingungen anpassen müssen, um damit erfolgreich zu sein.

Frau Bordi, wie waren die Anfänge des internationalen Recruitings bei Agaplesion?

Im Jahr 2001 haben wir die ersten Pflegefachkräfte aus Ungarn gewonnen. Sie kamen noch für eineinhalb Jahre befristet als Gastarbeiter – es gab Zeiten, da beschäftigten wir bis zu 100 ungarische Pflegekräfte. 2002 wurde dann eine Kooperation mit der Fakultät für Gesundheitswissenschaften der Universität Pécs in Ungarn aufgenommen. Die Pflegestudenten absolvierten während des Studiums ein vierwöchiges Praktikum in den Frankfurter Agaplesion Einrichtungen, um uns kennenzulernen, und manche kamen nach dem Abschluss zum Arbeiten zu uns. Doch die Pflegeberufe werden auch in Ungarn immer unbeliebter, inzwischen wählen junge Menschen lieber andere Berufe im Gesundheitswesen: Physiotherapie, Berufe im Rettungsdienst oder im Management für Gesundheitstourismus. Obwohl schon lange kaum noch Pflegefachkräfte von dort zu uns kommen, halten wir an der Kooperation mit Pécs fest: Wir wollen dem Land etwas zurückgeben.

Wie wurde aus diesen improvisierten Anfängen eine Strategie?

2012 hatten wir sehr viele Vakanzen im Pflegebereich, deswegen haben wir 50 Bewerber aus Rumänien eingestellt und die Hürden sehr niedrigschwellig gestaltet: Wir forderten gar keine Deutschkenntnisse und organisierten die Sprachkurse in Deutschland. Die Hälfte der rumänischen Kollegen hat innerhalb der ersten zwei Jahre wieder gekündigt, weil ihnen das Erlernen der deutschen Sprache zu schwer fiel und die gegenseitigen Erwartungen zu unterschiedlich waren. Aktuell verlangen wir bei der Einstellung B1-Niveau und später das B2-Niveau, obwohl Hessen als einziges Bundesland die Anerkennung des ausländischen Berufsabschlusses mit der Sprachprüfung B1 Pflege erteilt.

Es folgte die Wirtschaftskrise in Spanien, und im Rahmen der Einstellung der ersten spanischen Pflegekräfte im Jahr 2012 hat Agaplesion dann auch ein Konzept zur Akquise und Integration von Pflegekräften aus der EU entwickelt. Es sieht vor, dass wir über Stellenanzeigen in ausländischen Jobportalen rekrutieren, Kontakt zu den ausländischen Pflegekräften wenn möglich durch Muttersprachler aufnehmen, ein Vorstellungsgespräch und eine zwei- bis dreitägige Hospitation in Deutschland durchführen und die ausländischen Mitarbeiter durch Mentoren betreuen lassen.

2014 haben wir eine Kooperation mit der Universität Murcia in Spanien aufgenommen, auch von dort werden Studierende für ein sechswöchiges Praktikum zu uns geschickt, um uns als Arbeitgeber kennenzulernen. Wir haben festgestellt, dass die deutschen Pflegeberufe in Spanien einen sehr schlechten Ruf haben oder es keine Vorstellungen hierüber gibt. Darum war es unsere Idee, den Studierenden schon während des Studiums die Möglichkeit zu geben, das deutsche Gesundheitswesen kennenzulernen. Trotzdem kommen immer weniger junge Menschen zu uns. Die deutsche Sprache empfinden auch die Spanier als schwer, und die Aufgaben der Pflegekräfte in Deutschland sind sehr unterschiedlich zu denen in Spanien.

Wie ist die Situation jetzt?

Im Sommer 2017 arbeiteten in den zwei Agaplesion Krankenhäusern in Frankfurt am Main Mitarbeitende aus über 50 Nationen, so etwa 61 aus Kroatien, 42 aus Ungarn, 35 aus Rumänien, 30 aus Bosnien-Herzegowina, 15 aus Polen und 14 aus Spanien. Von etwa 340 Initiativbewerbungen aus Drittstaaten, die seit 2015 bei uns eingingen, haben wir 77 Pflegekräfte eingestellt. Davon haben neun innerhalb von zwei Jahren wieder gekündigt, die anderen sind uns erhalten geblieben. Von etwa 1.000 Pflegekräften, die insgesamt in unseren Einrichtungen arbeiten, haben 250 eine ausländische Staatsangehörigkeit und mindestens weitere 250 eine deutsche Staatsangehörigkeit, aber einen Migrationshintergrund.

Inzwischen verzichten wir auf Massenanwerbungen, denn sie funktionieren unserer Erfahrung nach nicht. Wir lassen es gar nicht so weit kommen, dass viele unbesetzte Stellen entstehen, sondern ergreifen rechtzeitig Gegenmaßnahmen. Aktuell sind Initiativbewerbungen die Hauptquelle für unser internationales Recruiting – seit 2015 kommen sie immer häufiger aus Drittstaaten, insbesondere aus dem Westbalkan, nicht nur von Pflegekräften, sondern auch von Ärzten oder Verwaltungsmitarbeitern. Das Interesse der Pflegekräfte aus der EU an Deutschland hat dagegen stark abgenommen. Gute Erfahrungen haben wir mit unseren ersten beiden Pflegekräften aus Albanien gemacht.

Sie sind sehr gut ausgebildet und wir werden bald sechs weitere einstellen. Bei einigen Bewerbern aus dem Westbalkan stellen wir erhebliche Lücken in der Ausbildung fest. Unseren üblichen Anpassungslehrgang, der auf Praxiseinsätzen basiert, halten wir hier nicht für ausreichend und werden demnächst theoretische Vorbereitungskurse und die Kenntnisprüfung anbieten.

Welches sind für Sie die wichtigsten Faktoren für eine gelungene Integration von ausländischen Fachkräften?

Es braucht ein Gesamtpaket, das strukturierte Sprachförderung, Unterstützung durch Mentoren oder Integrationsbeauftragte sowie eine gelebte Willkommenskultur beinhaltet. Es gibt ein paar Dinge, die man immer wieder betonen muss, damit sie wirklich verstanden werden. Es reicht nicht, sie nur einmal im Vorstellungsgespräch zu erwähnen. Zum Beispiel, welche Aufgaben Pflegekräfte in Deutschland haben – eben auch die Grundversorgung. Oder dass man zwar in Deutschland besser verdient als im Herkunftsland, dass aber das meiste Geld für die teureren Lebenshaltungskosten auch wieder draufgeht. Eine Integration ohne die Familie ist unserer Erfahrung nach nicht möglich. Nach Beendigung der Probezeit sollte die Familie nachgeholt werden.

Integration ist übrigens kein einseitiger Prozess. Nicht nur die neuen Mitarbeiter müssen sich integrieren, sondern es muss ein Annäherungsprozess zwischen den langjährigen und den neuen Mitarbeitern stattfinden. Dafür haben wir gemeinsam mit einer der Hochschulen in Frankfurt ein Schulungsprogramm entwickelt, an dem alle gemeinsam teilnehmen. Die langjährigen Mitarbeiter werden dadurch für kulturelle Unterschiede sensibilisiert. Denn eine internationale Mitarbeiterschaft bedeutet nicht automatisch, dass sich neue Fachkräfte leichter integrieren: Zum Beispiel mögen sich die Bewerber aus den verschiedenen Balkanstaaten unserer Erfahrung nach untereinander nicht besonders. Das muss man beachten, wenn sie in derselben Einrichtung eingesetzt werden. Manchmal machen wir auch die unerfreuliche Erfahrung, dass ausländische Fachkräfte, wenn sie sich erst einmal integriert haben, gegenüber anderen ausländischen Fachkräften, die neu dazukommen, nicht toleranter sind als die „deutschen" Kollegen – obwohl sie doch noch vor wenigen Jahren in derselben Situation gewesen sind.

Wichtig ist auch die Personalentwicklung: Selbst wenn die ausländischen Fachkräfte ihre Anerkennung als vollwertige Pflegefachkraft in Deutschland erhalten haben, brauchen manche von ihnen weitere Fortbildungen, um Lücken im Fachwissen zu schließen. Umgekehrt wird es anderen schnell langweilig, weil sie aus der Heimat mehr Verantwortung gewohnt sind. Sie müssen gefördert und zu Fachweiterbildungen geschickt werden, wenn man sie dauerhaft binden will.

Wie ist Ihr Fazit nach vielen Jahren Erfahrung im internationalen Recruiting?

Nicht die Anwerbung der Fachkräfte ist der schwierige Teil, sondern die berufliche und soziale Integration. Für uns war es „learning by doing". Den Bereich internationales Recruiting muss man in der Einrichtung langsam und nachhaltig aufbauen, das Management muss dahinterstehen. Aufgrund des immensen Aufwandes ist das internationale Recruiting keine schnelle Notlösung. Aber wenn man es richtig macht, gibt es auch viele positive Effekte: einen Wissenstransfer zwischen den Ländern, kulturelle Vielfalt und frischen Wind durch unterschiedliche Erfahrungshintergründe. Das kann für einen Arbeitgeber eine tolle Chance sein, sich insgesamt weiterzuentwickeln. In der Pflege in Deutschland herrscht diese Grundstimmung, dass alles so schlecht sei. Erst wenn eine bosnische Pflegefachkraft ins Team kommt und aus ihrer Heimat berichtet, verstehen die Mitarbeiter, was es bedeutet, wenn es der Pflege wirklich schlecht geht.

1.2 Verantwortlichkeiten

1.2.1 Projektleiter

Hat das Management sich dafür entschieden, ein internationales Recruiting-Projekt aufzusetzen, muss als Nächstes einer Person im Unternehmen die Verantwortung dafür übertragen werden. Wer das sein kann, hängt davon ab, welche konkreten Aufgaben im Haus durchgeführt werden sollen und welche Leistungen eingekauft werden können. Ist der Etat groß genug, um ein „Rundum-Sorglos-Paket" zu buchen, also eine Personalagentur oder Organisationsberatung, die nicht nur die Rekrutierung, sondern auch Ämtergänge, die Organisation von Wohnraum und vieles mehr übernimmt? Dann kann die Verantwortung für das Projekt aufseiten des Unternehmens bei der Personalleitung oder sogar bei der Geschäftsführung, im Falle von Azubi-Projekten bei der Ausbildungsleitung liegen. Ein Beispiel für dieses Format lesen Sie weiter unten in Kapitel 1.7 im Erfahrungsbericht von Georg Abel, Geschäftsführer der Kliniken Beelitz.

Je mehr Aufgaben Sie auslagern, desto größer muss aber das Vertrauen zu den Dienstleistern sein beziehungsweise desto sorgfältiger müssen diese ausgewählt werden, damit es nicht zu bösen Überraschungen kommt.

Soll die komplette Organisation und Betreuung des Recruiting-Programms dagegen von eigenen Mitarbeitern erledigt und höchstens die Akquise von Fachkräften ausgelagert werden, benötigen Sie eine Projektleitung, die sich zu hundert Prozent auf diese Aufgabe konzentrieren kann. Möglich ist die Einrichtung einer Projektstelle. Kleinere Arbeitgeber könnten sich mit anderen Arbeitgebern der Region zusammentun und gemeinsam ein Projekt stemmen.

Wünschenswerte Kompetenzen und Qualifikationen eines Projektleiters für internationales Recruiting

- Erfahrungen als Recruiter (insbesondere im Active Sourcing)
- Sprachkenntnisse, möglichst fließend Englisch und idealerweise die Sprache eines möglichen Kooperationslandes
- Kenntnisse in der internationalen Zusammenarbeit (zum Beispiel durch ein entsprechendes Studium)
- Kenntnisse des inländischen Bildungssystems, Verständnis für die Verschiedenheiten von Bildungssystemen (insbesondere dafür, dass sich das deutsche Bildungssystem von allen anderen Ländern deutlich unterscheidet)
- Kenntnisse des Aufenthalts- und Asylrechts
- Improvisationstalent
- Reisebereitschaft
- Erfahrungen im Projektmanagement
- Erfahrungen in der Beratung, Psychologie, Sozialarbeit
- Längere Auslandsaufenthalte oder eigener Migrationshintergrund, persönliche Beziehungen und Netzwerke in einem relevanten Herkunftsland ausländischer Fachkräfte
- Erfahrungen in der Fördermittel-Akquise, im Fundraising

1.2.2 Integrationsbeauftragter

Im Verlauf der Umsetzung wird eine weitere verantwortliche Person hinzukommen: der Integrationsbeauftragte (siehe Kapitel 2.5 „Integration und Bindung ausländischer Fachkräfte").

Hier müssen die Zuständigkeitsbereiche klar abgegrenzt werden:

- Der Projektleiter betreut die Konzeption, die Finanzierung, die Vorbereitung, die Evaluation. Er behält den Überblick über das große Ganze, hält die Geschäftsführung auf dem Laufenden und unterhält die Kontakte ins Ausland.

- Der Integrationsbeauftragte dagegen kümmert sich unmittelbar im Arbeitsalltag um die Anliegen der ausländischen Fachkräfte. Er spricht ihre Muttersprache, zeigt den Mitarbeitern aus Vietnam den nächstgelegenen Asia-Supermarkt oder übt U-Bahn-fahren mit den neu eingetroffenen Rumänen vom Land. In Krisensituationen ist er stets erreichbar.

In einem optimalen und groß angelegten Szenario gibt es einen Projektleiter und mehrere Integrationsbeauftrage – einen für jeden Kulturkreis, aus dem ausländische Fachkräfte im Unternehmen beschäftigt sind.

Teils überschneiden sich die Aufgaben aber auch. Einen Integrationsworkshop zu planen, der auf die Differenzen zugeschnitten ist, die sich zwischen ausländischen und deutschen Fachkräften in einem ganz konkreten Team entwickelt haben, gelingt wahrscheinlich beiden gemeinsam am besten. Auch Feedbackgespräche sind für beide ein wichtiges Instrument. Für den Integrationsbeauftragten, der bei Missverständnissen vermitteln kann, und für den Projektverantwortlichen, der die Konzeption für den zweiten Projektdurchlauf verbessern möchte.

Bei kleineren Programmen können der Projektleiter und der Integrationsbeauftragte ein und dieselbe Person sein. In anderen Formaten ist der Personaldienstleister oder Organisationsberater gleichzeitig der Integrationsbeauftragte: Ein Beispiel für diesen Ansatz lesen Sie in Kapitel 2.5.3 im Interview mit László Schneider, Geschäftsführer der Personalagentur EUPaRS.

Grundsätzlich ist es wichtig, die verschiedenen Aufgaben zu definieren und jeden Verantwortungsbereich klar einer Person zuzuordnen.

1.3 Programmformate

Die folgende Liste stellt verschiedene Programmformate vor. Entscheiden Sie sich für eines davon und bleiben Sie für eine Projektphase von mindestens drei Jahren dabei, um ausreichend Erfahrungen damit zu sammeln. Einer der größten Anfängerfehler ist es, wild durcheinander zu rekrutieren und sich dabei zu verzetteln. Oder zu früh aufzugeben, bevor das Programmformat wirklich ausgestaltet ist. Hier ein Azubi, dort ein Freiwilligendienstleistender und dann vielleicht mal eine Fachkraft... Dabei ist die Herausforderung, zunächst ein Programm für eine ganz konkrete Zielgruppe aus einem ganz bestimmten Land aufzubauen, komplex genug. Je mehr Erfahrung Sie mit dem internationalen Recruiting gesammelt haben, desto mehr Formate und Herkunftsländer können Sie mit den Jahren parallel bedienen.

Mögliche Formate für Ihr internationales Recruiting-Programm

- **Anwerbung von ausgebildeten Fachkräften aus EU-Ländern**

  Aufgrund der relativ niedrigen rechtlichen Hürden ist dies in der Pflege eine häufig gewählte Variante unter den Pionierprojekten. Nachteil: Sie konkurrieren mit vielen anderen Arbeitgebern. „93 Prozent der Unternehmen waren beim Versuch der internationalen Rekrutierung in EU-Mitgliedsländern aktiv, nur 31 Prozent der Unternehmen in Ländern außerhalb der Europäischen Union", heißt es dazu in der Bertelsmann-Studie.

- **Internationale Ausbildungspartnerschaft/Anwerbung von Auszubildenden**

  Die Ausbildung zum Altenpfleger oder Gesundheits- und Krankenpfleger nach deutschem Recht und in deutscher Sprache kann im Herkunftsland oder in Deutschland durchgeführt werden. Das erspart den Teilnehmern das Anerkennungsverfahren ihres Berufsabschlusses. Bei der Ausbildung unter Deutsch-Muttersprachlern in Deutschland wird die Herausforderung beschrieben, dass Migranten selbst mit Deutschkenntnissen auf B2-Niveau dem Unterricht schwer folgen können. Dafür ist es aber möglich, auch einzelne ausländische Interessenten in die Klassen zu integrieren, ohne ein ganzes Projekt aufziehen zu müssen. Mit der Ausbildung nach deutschem Recht im Ausland geben Sie den Teilnehmern die Möglichkeit eines sanfteren Einstiegs. Gleichzeitig können Sie sie über einen längeren Zeitraum beobachten und prüfen, ob die Motivation und die „Chemie" stimmen. Allerdings wird berichtet, dass internationale Bewerber, die lange auf ihre Ausreise warten und hinarbeiten müssen, häufig die Lust verlieren.

- **Anwerbung von Auszubildenden oder Fachkräften aus Drittstaaten bzw. von anderen Kontinenten**
  Höhere rechtliche und kulturelle Hürden. Aufgrund starker Konkurrenz unter Arbeitgebern im europäischen Ausland jedoch zunehmend notwendig.

- **Anpassungsqualifizierung für ausländische Fachkräfte**
  Anwerbung von Personen mit pflegerischen Vorerfahrungen. Diese nehmen an einer eigens konzipierten weiterführenden Qualifikation teil, die mit der Prüfung zum Altenpfleger oder Gesundheits- und Krankenpfleger abschließt. Beispiel: Die Anpassungsqualifizierung der Internationalen Dialog-Akademie: http://bit.ly/2w8JDIF. Sie beinhaltet 200 Stunden praktische Ausbildung in sechs Unterrichtsblöcken à fünf Tagen. „Manche Bundesländer arbeiten mit einem Sondercurriculum für eine verkürzte Pflegeausbildung für ausländische Fachkräfte", erklärt Jessica Hernández von der Unternehmensberatung contec. „In einem Pilotprojekt des Bundeswirtschaftsministeriums mit Vietnam wurde beispielsweise versucht, Vietnamesen mit einem Pflege-Bachelor gleich ins zweite Ausbildungsjahr einsteigen zu lassen. Das hat nicht funktioniert, da die grundpflegerischen Kenntnisse fehlten. Der Vivanteskonzern, der als einziger Projektpartner nach der Pilotphase am Ball geblieben ist, hat mit einer Curriculumsumgestaltung begonnen. Inzwischen besuchen die Vietnamesen dort das erste und dritte Ausbildungsjahr." Beachten Sie auch, dass eine Anpassungsqualifizierung nicht nur praktische Kompetenzen und theoretisches Wissen lehren sollte. Als Vorbereitung auf die Prüfung sind unbedingt auch Übungen notwendig, in denen es darum geht, die Angst vor der Prüfungssituation abzulegen und trotz der sprachlichen Hürde sicher aufzutreten (Rollenspiele).

- **Anwerbung auf Basis eines persönlichen Netzwerkes**
  Eine Vertrauensperson mit Migrationshintergrund, die schon länger in Deutschland lebt und bei Ihnen arbeitet, wirbt für Sie gezielt Personen aus ihrem eigenen Verwandten- und Bekanntenkreis, aus ihrem früheren Kollegenkreis oder anderen Netzwerken im Heimatland ab. Vorteil ist, dass von Anfang an eine persönliche Bindung zu den ausländischen Fachkräften besteht und die Integration vereinfacht wird. Nachteil ist, dass Sie auf Ihre Kontaktperson angewiesen sind. Wenn diese das Interesse verliert oder zu einem anderen Arbeitgeber wechselt, versiegt die Quelle und schlimmstenfalls wechseln ihre Verwandten und Bekannten gleich mit.

- **Zweier-Kooperation**

  Ein deutscher Arbeitgeber kooperiert direkt mit einem ausländischen Bildungsinstitut. Vorteile: Der Gestaltungsspielraum ist groß, ein sehr individuelles Programm kann aufgebaut werden, das durch persönliche Bindungen gestärkt wird. Die Kosten für den Profi-Berater oder -Vermittler entfallen. Nachteil: Da beide Partner meist noch unerfahren sind, ist die Konzeptionsphase sehr lang.

- **Netzwerkpartnerschaft/Internationale Dreier-Kooperation**

  Hierbei schließen sich ein Arbeitgeber in Deutschland, ein Bildungsträger/eine Nichtregierungsorganisation im Herkunftsland und eine im internationalen Recruiting erfahrene Personalagentur/Unternehmens- oder Organisationsberatung zu einem Netzwerk zusammen und stellen gemeinsam ein internationales Recruiting-Projekt auf die Beine.

- **Programm zur Integration von Geflüchteten, Asylsuchenden und Geduldeten in den deutschen Arbeitsmarkt**

  Hierbei ist die Beantragung von Fördermitteln besonders aussichtsreich und gleichzeitig leisten Sie einen wertvollen Beitrag zum gesellschaftlichen Leben in Deutschland. Andererseits ist bei Geflüchteten und Asylsuchenden die Bleiberechtssituation oft ungeklärt, die Verfahren dauern ihre Zeit und eine Abschiebung ist trotz Qualifizierung, Deutschkenntnissen und Fachkräftebedarf schlussendlich möglich.

- **Expansion ins Ausland**

  Ein deutscher Träger eröffnet eine Pflegeeinrichtung beispielsweise im europäischen Ausland. Ein nachhaltiger Austausch von Fachkräften kann etabliert werden.

- **Freiwilliges Soziales Jahr für Interessenten aus dem Ausland**

  Vorteil: Arbeitgeber und ausländischer Mitarbeiter können sich zunächst kennenlernen und haben ein Jahr Zeit, um weitere Schritte der Zusammenarbeit zu planen, ob zum Beispiel ein Ausbildungsplatz angeboten werden kann. Risiko: Die Zeit verstreicht häufig, ohne dass sich jemand um die weitere Zusammenarbeit kümmert. Nach Abschluss des Freiwilligendienstes läuft das Visum ab und die Person muss in die Heimat zurückkehren. Auch werden Freiwilligendienstleistende häufig verschlissen, indem sie zwölf Monate unbeliebte Assistenztätigkeiten erledigen müssen, und haben dann im Anschluss kein Interesse mehr an der weiteren Tätigkeit in der Pflege.

- **Anwerbung von ausländischen Studierenden für ein Pflichtpraktikum im Unternehmen**

  Zunächst kürzere Einsätze von einigen Monaten während des Studiums mit der langfristigen Perspektive, dass die Studierenden nach dem Hochschulabschluss als vollwertige Arbeitskräfte zurückkehren. Der Vorteil, dass die Studierenden Sie als Arbeitgeber und das deutsche Sozial- und Gesundheitssystem im Vorfeld schon gut kennenlernen können, kann erfahrungsgemäß aber auch zum Nachteil werden: Wenn die Studierenden zu dem Schluss kommen, dass es ihnen nicht gefällt.

- **Programm speziell für Menschen mit Migrationshintergrund, die schon länger in Deutschland leben und noch nicht auf dem Arbeitsmarkt integriert sind**

  Diese Zielgruppe ist relativ schwer zu erreichen.

Die Kooperationsanfrage: „Es braucht Arbeitgeber mit der Lust an der Improvisation"

Das Deutsch-Bulgarische Bildungszentrum (DBBZ), dessen Zentralverwaltung in Sofia sitzt und das dem bulgarischen Ministerium für Arbeit und Sozialpolitik unterstellt ist, sucht ein deutsches Partnerunternehmen für eine Ausbildungskooperation. Vermittler Peter Heiberg, Geschäftsführer der Firma DoPaolla, übernimmt die Kontaktaufnahme mit deutschen Arbeitgebern. Der Erfahrungsbericht zeigt, dass der Aufbau von neuen Kooperationen mit unerfahrenen Partnern viel Gestaltungsspielraum mit sich bringt, aber einen langen Vorlauf braucht.

Herr Heiberg, welche Reaktionen erleben Sie, wenn Sie Kooperationsanfragen an deutsche Partner richten?

In Deutschland, wo ich zum Beispiel an Vertreter der Wohlfahrtsverbände herantrete, erlebe ich immer wieder, dass sich meine Ansprechpartner nicht lösungsorientiert mit dem Kooperationsangebot auseinandersetzen. Die Zurückhaltung ist groß, oft werden Gremien und Statuten vorgeschoben, in denen dies zu entscheiden und jenes nicht vorgesehen sei. Man wünscht sich schon bei der ersten Kontaktaufnahme bis ins Detail durchkonzipierte Projektbeschreibungen und Finanzierungspläne, um sie von der Geschäftsführung absegnen zu lassen. Doch das ist unrealistisch. Oder es heißt: Schick uns gerne Leute, wir bilden sie hier in Deutschland aus. Und dann folgt eine Liste mit Bedingungen, die diese Personen erfüllen sollen. Aber so einfach ist das nicht. Auch möchten die angefragten Kooperationspartner am liebsten gleich die Politik in Bulgarien ändern. Dann entgegne ich: Können wir nicht etwas pragmatischer an die Sache herangehen? Wenn Kooperationen zustande kommen, sind es auf beiden Seiten meist Einzelkämpfer, die sich trauen, neue Wege zu denken.

Welche Reaktionen würden Sie sich wünschen?

In Österreich, wo ich zum Beispiel mit einem Pflegekonzern mit französischen Eigentümern in Kontakt bin, sind die Reaktionen positiver und lösungsorientierter. Auch wenn es trotzdem seine Zeit braucht, um ein Programm aufzusetzen, sind Offenheit und Optimismus sehr förderlich. Ich suche Arbeitgeber mit Lust an der Improvisation, die das Potenzial des internationalen Recruitings sehen und bereit sind, gemeinsam Pionierarbeit zu leisten. Arbeitgeber, die die Grenzen dessen, was machbar ist, austesten und dafür eingefahrene Prozesse aufbrechen.

Kooperationsanfragen aus dem Ausland kommen für gewöhnlich in einem sehr frühen Ideenstadium, denn man möchte sich flexibel zeigen und nicht am deutschen Partner vorbeiplanen. Eine fertige Projektbeschreibung gibt es selten – das Projekt entwickelt sich erst im Entstehen der Kooperation. Darin steckt aber eine Chance für beide Seiten. Auch die Finanzierung der geplanten Programme steht in dem Moment, in dem man an deutsche Ansprechpartner herantritt, noch nicht. Von den finanzschwachen Herkunftsländern der Auszubildenden und Fachkräfte ist keine finanzielle Unterstützung zu erwarten. Das Know-how zur Beantragung von Fördermitteln fehlt. Idealerweise bringt der deutsche Kooperationspartner dieses Know-how mit und entwickelt den Finanzierungsplan. Auf jeden Fall muss die deutsche Seite bereit sein, zunächst zu investieren und sich einzubringen, damit langfristig der Fachkräftebedarf gedeckt werden kann.

Die Zurückhaltung der deutschen Arbeitgeber ist unter anderem darin begründet, dass sie unseriöse Kooperationsanfragen schwer von seriösen unterscheiden können. Was entgegnen Sie diesen Bedenkenträgern?

Für viele deutsche Arbeitgeber ist jeder Vermittler, der Gebühren für die Vermittlung von ausländischen Fachkräften erhebt, ein schwarzes Schaf. „Aus Prinzip zahlen wir für die Vermittlung nichts", heißt es. Ich dagegen würde als schwarzes Schaf eine kostenpflichtige Vermittlungsagentur bezeichnen, die wahllos ausländische Fachkräfte rekrutiert, ohne die Qualität der Bewerbungen zu prüfen. Wer aber hochwertige Programme selbst mit aufbaut, seriöse Kooperationspartner zusammenbringt und die Teilnehmer sorgfältig auswählt, der muss dafür auch eine Provision in Rechnung stellen dürfen, denn diese Arbeit ist sehr aufwendig. Wenn solche Bemühungen von deutscher Seite trotzdem abgelehnt werden, wird der Nährboden für die schwarzen Schafe gestärkt. Für mich wäre es viel einfacher und rentabler, wenn ich mich auf die Gastronomie, Mechaniker oder das Handwerk spezialisieren oder für eine Vermittlungsagentur lediglich die Rekrutierung hier in Bulgarien übernehmen würde, ohne die Dinge zu hinterfragen. Man macht hier viel für junge Leute und Arbeitslose, oft leider am Bedarf vorbei. Ich glaube aber an seriöse Programme, Programme für die Pflege, und ich möchte mit gutem Gewissen vermitteln.

Kommen Auszubildende und Fachkräfte aus Bulgarien gerne nach Deutschland?

Der Wille junger Bulgaren, ins Ausland zu gehen, ist nicht sehr groß, und ihr Wille, nach Deutschland zu gehen, noch kleiner. Und das, obwohl im Heimatland viele von ihnen trotz abgeschlossener Ausbildung zum Mindestlohn für die Tourismusbranche jobben. Die Industrie bietet keine Arbeitsplätze und die Motivation, sich selbstständig zu machen, ist nicht sehr hoch, da die Banken keine Gründungskredite vergeben und eigenes Kapital nicht zur Verfügung steht. Trotzdem: Eine Ausreise ist für die jungen Leute ein großer Akt. Sie befürchten hohe Kosten. Deutsch gilt als schwere Sprache und die Mentalität der Deutschen und ihr Auftreten als erfolgreiche Industrienation verschreckt viele junge Bulgaren. Sie denken, die Anforderungen in Deutschland seien sehr hoch, und haben Angst, es dort nicht zu schaffen. Zumindest bis zum Brexit gingen viele lieber nach Großbritannien, denn die englische Sprache ist leichter, man kennt sie durch das Internet, und Großbritannien gilt als „easy-going". Die meisten möchten nach der Ausbildung wieder in ihre Heimat zurückkehren, manche werden die Ausbildung abbrechen und wieder zurückkehren. Alle fragen sich: Was dann? Was soll ich als (halbfertiger) Altenpfleger in Bulgarien? Für Gastronomen oder Handwerker gibt es hier Arbeit, aber obwohl auch hier die Pflege der Senioren nicht mehr von den Familien übernommen werden kann, gibt es kaum Altenhilfeeinrichtungen. Die wenigen Anstellungen im Pflegebereich sind so schlecht bezahlt, dass sich davon der Lebensunterhalt nicht decken lässt.

Wenn deutsche Unternehmen Fachkräfte aus dem Ausland locken wollen, müssten sie zum Beispiel durch Marketing-Kampagnen signalisieren, dass es in Deutschland freundlich zugeht und die Ausbildung zu schaffen ist. Dass die Kosten übernommen werden. Optimalerweise engagieren sich die deutschen Arbeitgeber durch den Aufbau von Altenpflegeeinrichtungen im Partnerland, wo die Heimkehrer dann arbeiten und im Übrigen auch deutsche Senioren gepflegt werden können.

Welche Arten von Kooperationen halten Sie für Erfolg versprechend?

Die Bemühungen um eine intereuropäische Ausbildung, also eine Ausbildung, die in allen EU-Ländern gleichwertig und anerkannt ist, sind seit Anbeginn der EU vorhanden, aber noch längst nicht am Ziel. Und solange das so ist, können wir nur mit Pionierprojekten Antworten darauf geben, was möglich wäre. Mein Ansatz ist, an junge Bulgaren heranzutreten, die bereits Deutsch können – wie ein Teil der Auszubildenden am Deutsch-Bulgarischen Berufsbildungszentrum. Sie haben eine Hürde weniger zu bewältigen. Bevor wir die Leute ausreisen lassen, sollten wir sie hier vor Ort kennenlernen und ihnen eine erste Qualifikation ermöglichen. Eine Ausbildungspartnerschaft, bei der in Bulgarien eine Pflegehelferausbildung angeboten wird, die sich an der deutschen Ausbildungsverordnung orientiert oder sogar in Deutschland akkreditiert ist, wäre sinnvoll. Idealerweise wirken Lehrkräfte und Experten des deutschen Partners an der Erarbeitung des Curriculums und an der Ausbildung mit. Die Maßnahme sollte einen Trainingsaufenthalt in Deutschland beinhalten. Dabei kann der deutsche Partner die Teilnehmer kennenlernen und entscheiden, wem er einen Ausbildungsplatz in Deutschland für die dreijährige Ausbildung zur Fachkraft anbietet oder anderweitig weiterbildet oder spezialisiert. Die jungen Bulgaren hätten Zeit und Gelegenheit, für sich zu prüfen, ob der Pflegeberuf ihnen zusagt, was die Abbrecherquote unter denjenigen senken würde, die mit der Ausbildung in Deutschland weitermachen. Außerdem könnten sie sich langsam mit der Möglichkeit vertraut machen, den Schritt ins Ausland zu gehen. Fachlich und sprachlich wäre dieser Weg für sie weniger kompliziert. Die Kosten für eine dauerhafte Ausreise würden, von wem auch immer sie am Ende getragen werden, nur für die ernsthaften Interessenten anfallen.

1.4 Mögliche Herkunftsländer ausländischer Fachkräfte und ihre kulturellen und rechtlichen Besonderheiten

Einen groben Überblick über die Herkunftsländer ausländischer Fachkräfte, die derzeit in deutschen Pflegeeinrichtungen arbeiten, liefert die Bertelsmann-Studie „Internationale Fachkräfterekrutierung in der deutschen Pflegebranche": „Das wichtigste Land, in dem die Unternehmen der deutschen Pflegebranche in den letzten drei Jahren rekrutiert oder zumindest Rekrutierungsversuche unternommen haben, ist Spanien. Hier waren 61 Prozent aller Unternehmen mit internationaler Rekrutierungserfahrung aktiv. Weitere wichtige Herkunftsländer waren Polen (19 Prozent), Kroatien (16 Prozent), Rumänien (14 Prozent), Italien (13 Prozent) und Griechenland (12 Prozent). Bei den wenigen Unternehmen, die auch Rekrutierungsversuche außerhalb der Europäischen Union unternommen haben, verteilen sich die Aktivitäten vor allem auf osteuropäische (Bosnien und Herzegowina, Ukraine, Russland, Moldawien) und asiatische (China, Philippinen, Vietnam) Länder."

Wie so viele Entscheidungen im internationalen Recruiting folgt auch die Entscheidung für ein Herkunftsland meist nicht strategischen Überlegungen. Sie ergibt sich durch Zufall für das Land, aus dem die erste Initiativbewerbung oder Kooperationsanfrage eingeht, wenn eine deutsche Personalabteilung bereit ist, ihre Fühler ins Ausland auszustrecken. Dabei wäre es dringend ratsam, sich als Arbeitgeber im Vorfeld ausführlich mit den verschiedenen Ländern zu beschäftigen und sich klarzumachen, welche unterschiedlichen kulturellen, fachlichen und rechtlichen Ausgangssituationen jeweils vorliegen. Denn davon hängt für eine realistische Zeitplanung und eine sinnvolle Vorbereitung der Integrationsmaßnahmen viel ab. Deshalb ließ das Bundeswirtschaftsministerium im Jahr 2011 untersuchen, welche Länder sich für die Anwerbung von Pflegekräften unter Berücksichtigung der genannten Gesichtspunkte besonders eigenen, bevor es eine Partnerschaft mit Vietnam ins Leben rief.

Allerdings: Das „perfekte Herkunftsland" gibt es nicht. Und in den Ländern, die gute Rahmenbedingungen bieten, sind dementsprechend viele andere Arbeitgeber unterwegs. „Bei der Frage nach dem Herkunftsland gibt es keine klare Empfehlung", sagt Jessica Hernández von der Unternehmensberatung contec. „Für jedes Land oder jede Weltregion gibt es Beispiele für gelungene Projekte und Beispiele für gescheiterte Projekte." Als Best Practice-Beispiel für die Region „Iberische Halbinsel" nennt sie das Familienunternehmen „Mani Häusliche Pflege" aus Lüdenscheid, das erfolgreich Pflegekräfte aus Portugal rekrutiert und integriert. 2013 wurde es im Wettbewerb „Vielfalt. Wachstum. Wohlstand. Unternehmenspreis für mehr Willkommenskultur" vom Bundeswirtschaftsministerium ausgezeichnet. Lesen Sie mehr dazu hier: http://bit.ly/2yqPf3J.

Dem stehen die negativen Erfahrungen von Arbeitgebern wie den Kliniken Beelitz mit Massenrekrutierungen von Fachkräften von der Iberischen Halbinsel entgegen (siehe Kapitel 1.7 „Die Evaluation von Anfang an mitdenken"). „Für die Altenpflege hat sich gezeigt, dass die Arbeitsinhalte in Deutschland vielfach nicht den beruflichen Erwartungen der im EU-Ausland meist akademisch ausgebildeten Pflegekräfte entsprechen. Deswegen sind beispielsweise Fachkräfte aus Spanien häufig nach relativ kurzer Aufenthaltsdauer wieder in ihr Heimatland zurückgekehrt oder haben nach Abschluss des Anerkennungsverfahrens anspruchsvollere und auch besser entlohnte Beschäftigungen im Krankenhaus angenommen", heißt es in der Bertelsmann-Studie.

Eher kritisch sieht Expertin Hernández das auf fünf Jahre angelegte Pilotprojekt des Arbeitgeberverbandes Pflege, der seit 2016 zunächst einhundertfünfzig Chinesen in deutschen Pflegeeinrichtungen unterbringen will. Zwar zitiert die Bertelsmann-Studie von 2015 noch Personalverantwortliche, die von den „durchweg freundlichen, zuvorkommenden, empathischen und leistungsbereiten" Chinesen schwärmen und nennt als Hürde lediglich die Auswanderungsgebühr von 3.000 Euro, die deutsche Arbeitgeber für ihre chinesischen Mitarbeiter übernehmen müssten. Doch zwei Jahre später sieht die Bilanz ganz anders aus: „Es liegt bisher keine Auswertung dazu vor, ob tatsächlich 150 Chinesen eingereist sind", so Hernández. „Spricht man mit Unternehmen, die im Rahmen des Pilotprojektes chinesische Fachkräfte aufgenommen haben, sind viele Rückmeldungen negativ. Viele sind vom Altenpflegeheim sofort ins Krankenhaus gewechselt." Das Pilotprojekt des Bundeswirtschaftsministeriums mit dem Partnerland Vietnam verzeichne dagegen durchaus positive Erfolge. Gute Erfahrungen mit Mitarbeitern aus dem asiatischen Raum macht auch die Diakonie Neuendettelsau im Rahmen ihrer Vietnam-Kooperation. Alle sechs Teilnehmer der ersten Runde haben eine unbefristete Anstellung erhalten und befinden sich in einem Trainingsprogramm für die Übernahme der Schichtleitung. Von Anfang an war ihre Erwartung und Motivation, langfristig in Deutschland zu bleiben.

Pflegekräfte aus Vietnam: „Im zweiten Jahr steigt die Lernkurve deutlich"

Die Diakonie Neuendettelsau betreibt umfangreiche Auslandskooperationen mit Ländern wie Rumänien, Tschechien und Ungarn, die vor allem auf die Entsendung deutscher Fachkräfte zur sozialen Hilfe vor Ort ausgerichtet sind. Ein Recruiting-Projekt, bei dem ausländische Fachkräfte nach Deutschland kommen, entstand mit Vietnam. Sechs asiatische Pflegekräfte wurden in einem sechsmonatigen Anerkennungslehrgang nachqualifiziert und arbeiten nun in verschiedenen Einrichtungen des Trägers. Die Projektorganisation hat Thorsten Walter, Leiter des Europa-Instituts, inne. Sein Erfahrungsbericht zeigt, dass die Herangehensweise eines internationalen Recruiting-Programms individuell auf den jeweiligen Kulturkreis zugeschnitten sein muss.

Herr Walter, würden Sie Arbeitgebern der Sozial- und Gesundheitswirtschaft dazu raten, internationales Recruiting zu betreiben?

Es bringt nichts, internationales Recruiting zu empfehlen, wenn nicht der Wille besteht, diesen Weg trotz aller Hürden zu gehen.

Ich würde immer raten, zuerst alle möglichen Optionen in Deutschland zu nutzen, einschließlich Maßnahmen zur Personalentwicklung und Mitarbeiterbindung, bevor man den Schritt ins Ausland geht. Doch für die Diakonie Neuendettelsau als Anbieter von Einrichtungen für Senioren, Menschen mit Behinderung und Kindern sowie als Betreiber von Krankenhäusern ist es unabdingbar: Wenn wir unseren zukünftigen Bedarf an Fachkräften decken wollen, müssen wir uns außerhalb Europas umschauen. Einer Welt in Vielfalt kann nicht mit Einfalt begegnet werden. Ich kenne eine Einrichtung, in der ein russisches und zwei türkische Kinder mit Behinderungen leben und von einer russischen, einer spanischen und einer slowakischen Fachkraft betreut werden!

Welche Länder kommen für Recruiting-Kooperationen infrage?

Die Auswahl der Kooperationsländer läuft nicht so, dass man auf die Landkarte schaut und strategisch überlegt, wohin der Flug am kürzesten ist. Meist ergibt es sich zufällig. Bei unserem Vietnam-Programm kam der Gründer einer deutschen Schule in Vietnam, der selbst Deutscher und mit einer Vietnamesin verheiratet ist, mit einer Anfrage auf uns zu. Uns liegen auch Anfragen aus Bosnien und den Maghreb-Staaten vor. Zumeist werden ja Fachkräfte in Deutschland aus Polen, Rumänien, Ungarn oder neuerdings aus Kroatien abgeworben, aber in diesen Ländern gibt es aktuell auch die Tendenz zum Mangel an qualifiziertem Personal in der Pflege. Für uns ist das deshalb ethisch nicht vertretbar, dort anzuwerben, da dies große Lücken in die sozialen und gesundheitlichen Strukturen reißt. Der Bedarf in Deutschland ist so groß, dass vor allem private Träger mittlerweile auch in China auf der Suche sind. In Spanien wiederum ist die Arbeitslosigkeit aktuell sehr groß, hier könnten wir tätig werden, doch viele deutsche Arbeitgeber sind in den vergangenen Jahren mit spanischen Fachkräften gescheitert. Die einzigen erfolgreichen Fachkräftevermittlungen aus Spanien im Bereich der Pflege, die mir bekannt sind, betreffen spezialisierte Fachkräfte zum Beispiel in der Radiologie oder Anästhesie.

Wie sind Ihre Erfahrungen konkret mit den vietnamesischen Fachkräften?

Die deutsche Altenpflege und die Kompetenzen der ausländischen Fachkräfte klaffen weit auseinander, denn in der Altenpflege geht es noch mehr als im Krankenhaus um Hygiene, Lagerung und Betreuung von Bewohnern und noch weniger um medizinische Tätigkeiten. Das war bei unseren vietnamesischen Mitarbeitern nicht anders. Blutzucker messen können sie perfekt, aber über den Umgang mit Demenz wissen sie wenig. Auch im Rahmen der Anpassungsqualifizierung, die ihnen die rechtliche Anerkennung ihres Abschlusses ermöglicht, gehört das nicht zum Pflichtprogramm. Wir haben sie in speziellen Trainingseinheiten einmal im Monat zu Themen wie diesem extra beschult. Der Rest ist „learning by doing". Beiden Seiten müssen bei der Rekrutierung diese Unterschiede klar sein, damit keine falschen Erwartungen entstehen. Nicht zuletzt kommt bei uns als christlicher Träger noch die Frage der Kirchenzugehörigkeit hinzu. Wir haben für unsere vietnamesischen Fachkräfte nach der Anerkennung ihres Berufsabschlusses eine Begleitung vorgesehen, die ihnen christliche Werte näherbringt.

Ist es vielversprechender, Auszubildende oder fertige Fachkräfte aus dem Ausland nach Deutschland holen?

Von den Kompetenzen her ist es einfacher, wenn die Personen aus dem Ausland ihre Ausbildung in Deutschland und nach deutschen Standards machen, als wenn man sie im System nachschult. Auch rechtlich hat das Vorteile: Wenn Sie Personen aus Drittstaaten, also Ländern außerhalb der EU, zur Ausbildung nach Deutschland holen, gibt es keine aufenthaltsrechtlichen Beschränkungen. Wenn Sie ihnen nach der Ausbildung eine Festanstellung anbieten, bekommen sie mit ihrem Arbeitsvertrag eine Aufenthaltsgenehmigung für zwei Jahre. Wenn die Person dann fünf Jahre in Deutschland ist, also die Zeit der Ausbildung plus die Verlängerung um zwei Jahre, bekommt sie einen unbefristeten Aufenthaltsstatus.

Der Nachteil ist: Während der dreijährigen Ausbildung gibt es mehr Unwägbarkeiten als während einer sechsmonatigen Nachqualifizierung. Unsere sechs Vietnamesen haben ihre Anerkennungsprüfung alle bestanden und bleiben bei uns, weil wir sie eng begleitet haben. Wenn ich für ein ambitioniertes Ausbildungsprojekt je fünf Auszubildende aus fünf Ländern nach Deutschland hole, muss ich sie über drei Jahre genauso eng begleiten, damit sie nicht abbrechen. Ich muss ihre Noten und ihre praktische Leistung ständig beobachten, Nachhilfe geben, psychologisch schauen, wie es ihnen geht. Mit der Rekrutierung ist es nicht getan. Genauso wenig sinnvoll ist es, einen Freiwilligendienstleistenden aus dem Ausland zu holen, der ein Jahr lang pro Tag 20 Senioren wäscht und danach weder körperlich in der Lage dazu ist noch die Motivation hat, weiter in der Pflege zu arbeiten.

In jedem Fall empfehlenswert ist es, wenn die Personen vorher ein halbes Jahr Praktikum oder Freiwilligendienst machen, damit man sich kennenlernen und sie mindestens auf B2-Niveau Deutsch sprechen können. Unsere Vietnamesen hatten das Niveau B2 erreicht, aber wir waren erstaunt, wie wenig sie trotzdem sprechen und verstehen konnten.

Ein wichtiger Erfolgsfaktor ist die begleitete Eingewöhnung der neuen Mitarbeiter. Was haben Sie diesbezüglich unternommen?
Bei unserem Vietnam-Programm haben wir gemerkt, dass in den ersten Wochen so viel Neues auf die ausländischen Mitarbeiter einwirkt, dass sie sich nicht auch noch auf Willkommensveranstaltungen konzentrieren können. Wir haben also zunächst mit ihnen die Behördengänge erledigt und nur einen Nachmittag im Monat für eine gemeinsame Kulturveranstaltung wie eine Stadtführung oder einen Museumsbesuch reserviert. Außerdem haben wir eigens für die sechs vietnamesischen Fachkräfte eine Integrationsbeauftragte für zehn Stunden pro Woche eingestellt, eine deutsche Staatsbürgerin mit vietnamesischen Wurzeln und Vietnamesisch als Muttersprache. Das ist unbedingt zu empfehlen. Sie hat mit unseren Vietnamesen S-Bahn und Fahrrad fahren geübt, hat ihnen erklärt, worauf man beim Einkaufen, Geld überweisen und bei der Versicherung achten muss. Welche Kleidung brauche ich im Winter? Wie koche ich, sodass die Lebensmittel nicht verderben? Da gab es viele Fragen zu beantworten. Es ist wichtig, jemanden zu haben, der beide Welten kennt. Der mit den ausländischen Fachkräften weinen und lachen kann und weiß, was sie brauchen. Als Willkommensgeschenk hat jeder einen Reiskocher und 25 kg Reis bekommen. Unsere Integrationsbeauftragte hat ihnen auch die Asia-Supermärkte in der Umgebung gezeigt.

Es gefällt ihnen gut bei uns, aber sie vermissen auch ihre Heimat ganz massiv. Sie stehen unter einem wahnsinnigen Leistungsdruck. Es wird erwartet, dass sie all ihr Geld nach Hause schicken, um der Familie zu helfen oder Schulden zu begleichen. Wir raten ihnen, sich warme Kleidung und etwas Hochwertiges zu Essen zu kaufen, auch einmal Geld für sich selbst auszugeben, damit sie gesund bleiben. Natürlich muss man sich die entwicklungspolitische Frage stellen, ob man den Personen wirklich hilft oder neue Abhängigkeiten schafft.

Welche Faktoren entscheiden noch über Erfolg oder Misserfolg eines Programmes?

Die Verantwortung für ein internationales Recruiting-Programm sollte ein Mitarbeiter übernehmen, der einen Migrationshintergrund mitbringt oder bereits länger im Ausland gelebt hat und mindestens eine Fremdsprache fließend spricht. Die Teams, in denen die ausländischen Fachkräfte eingesetzt werden, müssen sorgfältig ausgewählt werden. Sie sollten schon länger zusammenarbeiten und bereits in anderen Zusammenhängen bewiesen haben, dass sie kultursensibel auf andere eingehen können. Wir haben durchaus fremdenfeindliche Tendenzen erlebt. Mitarbeitende, die den ausländischen Mitarbeitern keine Chance gegeben haben. „Der kann das nicht und wird das nie lernen", hieß es. Wenn man die vietnamesische Mitarbeiterin befragte, sagte sie, ihr sei die Tätigkeit ein einziges Mal gezeigt worden und dann habe sie sie nie wieder ausführen dürfen. Als Gegenmaßnahme gab es persönliche Gespräche, die in manchen Fällen gewirkt haben. In anderen Fällen musste die ausländische Mitarbeiterin jedoch auch die Einrichtung wechseln, weil es einfach nicht funktioniert hat. Deshalb ist es gut, dass die Diakonie Neuendettelsau als großer Träger mit 7.200 Mitarbeitern und 24 Pflegeheimen verschiedene Optionen anbieten kann. Bei kleinen Trägern gibt es diese Möglichkeit nicht.

Umgekehrt haben wir aber auch sehr positive Erfahrungen gemacht: Die spannenden Fragen und neuen Denkansätze, die die Personen aus einem anderen Kulturkreis mitbringen. Die Zuverlässigkeit, Höflichkeit und der Fleiß der Vietnamesen, die bei den Bewohnern sehr beliebt sind. Dazu die Unbekümmertheit, mit der sie auch mal den Einrichtungsleiter fragen, ob es ihm gut geht. Das trauen sich deutsche Pflegekräfte nicht. Erstaunlich finde ich den Einfallsreichtum mancher Teams, wenn es darum geht, den Vietnamesen etwas beizubringen. Da wurden zum Beispiel Arztgespräche geübt, indem sich ein deutscher Mitarbeiter auf einer anderen Station ans Telefon gesetzt und den vietnamesischen Kollegen angerufen hat. Da habe ich viele vor Begeisterung glänzende Augen gesehen! Die deutschen Fachkräfte lernen durch die internationalen Kollegen zu verstehen, dass die Bedingungen in der Pflege hierzulande im Vergleich doch nicht so schlecht sind, wie immer behauptet wird.

Wie hoch kann der Anteil der ausländischen Fachkräfte maximal sein?

Ausländische Fachkräfte können einen Anteil von maximal zehn bis zwanzig Prozent der Mitarbeiterschaft ausmachen, aber sie müssen gut integriert werden. Das Bundeswirtschaftsministerium bot einmal ein Programm an, bei dem zehn ausländische Fachkräfte auf zwei Häuser verteilt werden sollten. Das funktioniert nicht. Wir setzen pro Pflegeheim maximal einen vietnamesischen Pfleger ein, damit er sich schneller integriert. Nach Feierabend besteht der Kontakt zu den Landsleuten, denn es wohnen immer zwei Vietnamesen zusammen in einer Wohnung. Einige Einrichtungsleiter sind zwar der Meinung, dadurch dass unsere ausländischen Fachkräfte in ihrer Freizeit nur Vietnamesisch sprechen, dauere die Eingewöhnung länger. Aber ich denke, für ihre psychische Gesundheit ist der Kontakt zu den Landsleuten wichtig und wir dürfen nicht ungeduldig werden. Im zweiten Jahr in Deutschland steigt die Lernkurve deutlich an.

Ist internationales Recruiting auch für kleinere Träger empfehlenswert?

Grundsätzlich spricht nichts dagegen, dass auch kleinere Träger internationales Recruiting machen. Sie sollten aber klein anfangen und erst einmal schauen, ob sie einen Freiwilligendienstleistenden aus dem Ausland bekommen oder einem Geflüchteten eine berufliche Chance geben können. Als kleiner Träger würde ich mich wahrscheinlich an eine Vermittlungsagentur wenden und nicht das komplette Programm selbst aufbauen. Auch wenn das grundsätzlich besser ist, denn der Interessenskonflikt zwischen dem deutschen Träger und der ausländischen Fachkraft ist schon groß genug, da braucht man nicht noch eine dritte Partei im Boot, die ihre eigenen Interessen verfolgt. Letztendlich können Sie auch selbst in bulgarischen Zeitungen Anzeigen schalten und werden mit Sicherheit Antwort erhalten. Jeder Bulgare oder Rumäne, der ein entsprechendes Bildungsniveau hat, verlässt das Land auch ohne Vermittlungsagenturen.

Vermittlungsagenturen kosten Geld. Wann ist es gerechtfertigt, dieses Geld zu zahlen?

Wir bevorzugen Kooperationen, bei denen eine Win-win-Situation entsteht, ohne dass Geld fließt. In Spanien arbeiten wir zum Beispiel mit einem Verein für zurückgekehrte Migranten zusammen, der sich durch Mitgliedsbeiträge finanziert. Jede spanische Pflegefachkraft, die er zu uns nach Deutschland vermittelt, ist für den Verein ein potenzielles Mitglied. Die Spanienrückkehrer sind trotz der hohen Arbeitslosigkeit im Land alle in Lohn und Brot – aufgrund ihrer Auslandserfahrung. Das ist doch auch viel wert, selbst wenn sie den deutschen Pflegeeinrichtungen wieder verloren gehen.

Vermittlungsagenturen, die Geld verlangen, sollte man sehr genau prüfen. Nicht jede ist unseriös. Ausgaben für eine ausländische Fachkraft kann ich im Budget einplanen und mit dem Stellenplan verrechnen. Dadurch, dass ich mein Haus voll auslasten kann, wenn offene Stellen durch ausländische Fachkräfte besetzt werden, steigen ja auch die Einnahmen. Doch Sie sollten genau prüfen, wofür Sie Ihr Geld ausgeben. Es gab namhafte Vermittler, die bei deutschen Pflegeeinrichtungen Geld gesammelt haben, um in Ungarn Pflegeschulen aufzukaufen. Nach dem Motto: „Wenn Sie uns heute 8.000 Euro geben, bekommen Sie in drei Jahren eine fertige Pflegefachkraft." Niemand in der Sozial- und Gesundheitswirtschaft, außer vielleicht den Privaten, hat so viel Geld zur Verfügung, um es für Kooperationen mit derart ungewissem Ausgang im Vorfeld zu investieren.

Aber auch bei Vermittlungen, bei denen das Geld erst fließt, wenn die vermittelten Personen ihre Arbeit aufnehmen, muss man genau hinschauen. Ich war bei Klärungsgesprächen dabei, nachdem ein kleinerer Träger 30.000 Euro für sechs Pflege-Azubis bezahlt hatte, die alle innerhalb kürzester Zeit die Ausbildung abbrachen. Ein Blick in das Suchprofil zeigte mir, dass die

Azubis viel zu wenige Deutschkenntnisse hatten. Der Misserfolg war vorprogrammiert. Jede Agentur, die sich damit brüstet, problemlos innerhalb kürzester Zeit zehn Fachkräfte heranschaffen zu können, ist verdächtig. Ein Hinweis auf eine gute Agentur ist, dass sie ihren Recruiting-Ansatz transparent darstellt, so wie etwa mediko-hire.de. Ein schlechtes Angebot ist eins, bei dem eine Agentur nur Kontakte zu möglichen ausländischen Kooperationspartnern vermittelt – die kann man sich auch selber besorgen. Selbst wenn sich die Details meist erst im Laufe der Zusammenarbeit klären – die Grobkonzeption sollte schon stehen und schriftlich festgehalten sein.

Wenn Sie Aufwand und Nutzen abwägen: Lohnt sich das internationale Recruiting überhaupt?

Wir haben eine minutiöse Kostenauflistung für unser Vietnam-Programm gemacht, auch um die Marktpreise von Vermittlungsagenturen vergleichen zu können. Pro Kopf zahlen wir 10.000 Euro bis zu dem Zeitpunkt, zu dem die Personen als Fachkräfte voll einsatzfähig sind. Darin ist die Nachqualifizierung, Wohnungsmiete, Wohnungsausstattung, Flug, Deutschkurse, ein Anteil am Gehalt unserer Integrationsbeauftragten und vieles mehr eingerechnet. Eine deutsche Nachwuchskraft, die die dreijährige Ausbildung bei uns macht, kostet 40.000 Euro. Eine Fachkraft, die uns von einer Vermittlungsagentur vermittelt wird, kostet ab 3.500 Euro bis 5.000 Euro oder drei Nettolöhne, jedoch haben wir hier wenig Einfluss auf die Auswahl und können uns nicht sicher sein, dass diese Fachkräfte tatsächlich dauerhaft bei uns bleiben. Insofern schneiden die vietnamesischen Fachkräfte bei der finanziellen Aufwand-Nutzen-Rechnung gut ab.

Wir messen den Erfolg aber nicht nur daran, wie viele neue Mitarbeiter wir durch die Maßnahme gewonnen haben. Der wichtigste Mehrwert sind die Erkenntnisse für die gesamte Organisation. Konnten wir Strukturprobleme aufdecken, die wir bisher noch nicht gesehen haben? So haben wir zum Beispiel gelernt, wie wir der Personalfluktuation und Abbruchquote in der Ausbildung entgegenwirken können: Erst durch unser Vietnam-Projekt ist aufgefallen, dass die Praxisanleitung im Arbeitsalltag besser verankert werden muss. Wenn der Praxisanleiter krank oder im Urlaub ist, gibt es keinen Ersatz und die Anleitung fällt aus. Wenn ein anderes Teammitglied krank oder im Urlaub ist, muss der Praxisanleiter auf dieser Position einspringen und die Anleitung fällt auch aus. Wenn die Praxisanleitung jedoch ausfällt, sind die Auszubildenden demotiviert. Hier müssen wir nachbessern. Auch müssen wir Stellenbefristungen abschaffen, die es häufig noch gibt, weil ein Einrichtungsleiter meint, er müsse den neuen Mitarbeiter erst kennenlernen. Mit befristeten Stellen kann man aber keine Mitarbeiter binden. Auch Personalentwicklung ist wichtig: Genauso eng wie wir unsere ausländischen Fachkräfte begleiten, müssen wir unsere deutschen Mitarbeiter begleiten: Jahresgespräche ernst nehmen, Zukunftsperspektiven für nach der Ausbildung anbieten, das können Weiterbildungen oder Auslandsaufenthalte sein. Solche Basics gehen im Arbeitsalltag einer Pflegeeinrichtung zwischen Leiden, Sterben und Tod leider oft unter.

Ehrlicherweise muss man zusammenfassend sagen, dass die Erfolgsquote mit internationalen Projekten bisher gering ist, weil sie meist nicht sorgfältig genug durchdacht werden. Der Erfolg hängt von einzelnen engagierten Personen ab. Ich kenne eine Einrichtung, in der eine Pflegedienstleiterin aus Kroatien ein florierendes Programm aufgebaut hat. Von 80 Mitarbeitenden kommen 25 aus Kroatien, und zwar aus dem Verwandten- und Bekanntenkreis der Pflegedienstleiterin. Und wenn einer ausfällt, kommt der nächste nach.

1.4.1 Wie ist die Arbeitsmarkt- und Lebenssituation im Herkunftsland?

Im Folgenden wollen wir uns nun einigen Fragestellungen zuwenden, die für die Auswahl eines Herkunftslandes, in dem Sie ausländische Fachkräfte abwerben möchten, wichtig sind: In vielen Ländern Süd- und Osteuropas herrscht eine hohe Arbeitslosigkeit. Je schlechter die Arbeitsmarktsituation im Herkunftsland ist, desto höher ist die Motivation der dortigen Fachkräfte, sich ins Ausland zu orientieren. Daraus kann man einerseits ableiten, dass das Recruiting in Ländern mit besonders hoher Arbeitslosigkeit oder besonders schlechten Arbeits- und Lebensbedingungen besonders erfolgversprechend sei. Andererseits sollte man sich aber auch darüber klar sein, dass Menschen aus solchen Ländern nach jedem Strohhalm greifen, ohne sich zu überlegen, ob eine Tätigkeit in der Pflege in Deutschland wirklich das ist, was sie wollen. Oder ohne zu Ende zu durchdenken, was mit ihrer Familie geschehen soll. Das kann zu einer hohen Abbruchquote oder anderen Problemen führen.

Wenn Sie sich für ein Herkunftsland mit besonders schlechter Arbeitsmarkt- und Lebenssituation entscheiden, müssen Sie mehr noch als in anderen Ländern im Vorstellungsgespräch, in Orientierungskursen oder durch Infomaterial dafür sorgen, dass die Bewerber sich mit der Realität der Arbeitsmigration auseinandersetzen, praktikable und langfristig ausgerichtete Lebensentwürfe für sich und ihre Familien entwickeln.

Auch ergibt sich – wenn Sie diesbezüglich nicht völlig schmerzfrei sind – die moralische Verpflichtung, sich als Unternehmen mit entwicklungsfördernden Maßnahmen für das Herkunftsland zu engagieren. Letztendlich hat es daher auch Vorteile, sich in Länder zu orientieren, in denen die Lage stabiler ist und sich die auswanderungswilligen Menschen Zeit für wohlüberlegte Entscheidungen nehmen können.

Ohnehin kann sich die Arbeitsmarktsituation in einem Land auch ändern. Während in Spanien in Zeiten der Wirtschaftskrise vor einigen Jahren Zwei-Wochen-Verträge noch an der Tagesordnung waren, bekommen Pflegekräfte – gerade solche mit Berufserfahrung in Deutschland – dort inzwischen wieder vermehrt gute Jobangebote. Mit der Folge, dass die nach Deutschland angeworbenen Mitarbeiter teils nach einigen Jahren in die Heimat zurückkehren. Während Großbritannien vor dem Brexit ein beliebtes Zielland für Arbeitsmigranten aus ärmeren Ländern Europas war, verlassen sie heute das Land, weil niemand weiß, was beim Austritt aus der EU mit ihren Rechten geschehen wird. Das Nachrichtenmagazin *Der Spiegel* schreibt unter Berufung auf die nationale Statistikbehörde, 120.000 EU-Bürger hätten Großbritannien in 2016 verlassen, „und auch in diesem Jahr [2017] hat sich der Trend fortgesetzt". 5.300 EU-Bürger seien nach Recherchen der britischen Gefangenenhilfsorganisation BiD zwischen Juli 2016 und Juni 2017 des Landes verwiesen worden, „häufig unter Umgehung eines Richters und ohne dass die Betroffenen hätten Einspruch erheben können". Für die Auswahl des Herkunftslandes bedeuten solche Entwicklungen, dass Sie sich über den aktuellen Stand auf dem Laufenden halten sollten. Passen Sie Ihre Maßnahmen immer wieder den sich verändernden politischen Rahmenbedingungen an. Länder in einer Umbruchphase eignen sich weniger für den Aufbau eines nachhaltigen Recruiting-Programms, Länder, auf die die Bundesregierung in Sachen Arbeitsmigration zugeht, eher.

Einige Projektverantwortliche, mit denen ich sprach, äußerten sich erschüttert über die Auswirkungen, die die Abwanderung von Pflegekräften nach Deutschland für die Herkunftsländer hat. Obwohl ihre Unternehmen teils seit Jahren im Ausland rekrutieren, hatten sie sich nie wirklich mit den Folgen auseinandergesetzt. Um ein erfolgreiches internationales Recruiting-Programm aufbauen und einfühlsam auf die neuen Mitarbeiter eingehen zu können, ist das aber zwingend notwendig – aus moralischen Gesichtspunkten sowieso. Brain Drain, Geldtransfers und EU-Waisen: Über die Auswirkungen der Arbeitsmigration in Rumänien berichtete Levente Gyulai, Experte für EU-geförderte Projekte am Wirtschafts- und sozialwissenschaftlichen Ausbildungsinstitut IFES in Cluj-Napoca, auf der Jahrestagung 2017 des SoCareNet Europe Folgendes:

Rund 3,4 Millionen Rumänen sind seit 1990 ausgewandert, darunter bis zu 20.000 Krankenpflegerinnen und 30.000 Ärzte. Jährlich verlassen drei Prozent der Ärzte und fünf bis zehn Prozent der Pflegekräfte das Land. Seit dem EU-Beitritt in 2007 sind 14.000 Ärzte ausgewandert, 75 Prozent von ihnen waren jünger als 40 Jahre. 4.000 rumänische Ärzte leben und arbeiten in Deutschland, andere wichtige Zielländer sind Frankreich, Großbritannien, Italien und Spanien. Damit gibt es in ihrer Heimat nur noch 2,8 praktizierende Ärzte pro 1.000 Einwohner. 42.000 Ärzte und Pflegekräfte fehlen dort, und die Situation wird durch den Generationenwechsel verschärft: 34 Prozent der verbliebenen Hausärzte stehen vor dem Renteneintritt. Die Folgen des Brain Drains sind neben dem zunehmenden Fachkräftemangel vor Ort eine Belastung der Pflegeversicherung und zunehmende Altersarmut. Allerdings profitiert Rumänien aber auch vom Geld- und Wissenstransfer der ausgewanderten Bürger zurück in die Heimat. Allein im Jahr 2016 beliefen sich die Rücküberweisungen auf 3,15 Milliarden Euro.

Gründe für diese Entwicklungen sind, dass durch den EU-Beitritt Rumäniens im Jahr 2007 die Arbeitsmigration einfacher geworden ist, und dass die Situation im Land für viele unzumutbar erscheint. Obwohl Rumänien 2016 das stärkste Wirtschaftswachstum in der EU verzeichnete, sind 100.000 Haushalte ohne Strom und gibt es 250.000 Analphabeten. 70 Prozent der Beschäftigten verdienen unter dem Durchschnittslohn von 683 Euro und fast 39 Prozent der

Menschen sind von Armut oder sozialer Ausgrenzung bedroht. Ein Klinikarzt verdient zwischen 700 und 1.800 Euro, eine Berufseinsteigerin in der Krankenpflege im Durchschnitt 354 Euro. Sie betreut 30 bis 50 Betten, wobei sich oft mehrere Patienten ein Bett teilen müssen, und leistet Dienste von mehr als 24 Stunden am Stück. Ärzte arbeiten 63 Stunden pro Woche, 78 Prozent von ihnen länger als 24 Stunden am Stück, 30 Prozent länger als 33 Stunden am Stück. Häufig wird die Unhöflichkeit der Patienten beklagt. Die Situation im Gesundheitswesen ist alarmierend. Zwar gibt es eine gesetzliche Krankenversicherung und jeder Bürger hat Zugang zu einem Grundleistungspaket. Doch die Krankenhäuser leiden außer unter dem Ärzte- und Fachkräftemangel unter Managementproblemen, Schulden, heruntergekommenen Gebäuden und veralteter technischer Ausstattung, überlastetem Verwaltungspersonal und einem schlechten Image. Kurz: Das Gesundheitssystem steht vor dem Kollaps.

Aus diesen Gründen stoßen deutsche Arbeitgeber mit guten Angeboten bei Rumänen auf offene Ohren. Aus der Not heraus entstehen jedoch Lebensentwürfe, die so nicht lange durchgehalten werden können und für neue Probleme sorgen: Oft gehen beide Eltern zum Arbeiten ins Ausland und lassen ihre Kinder bei Verwandten zurück – zumindest wenn der Ehepartner ebenfalls eine Anstellung findet. Häufig wird auch beklagt, dass dies nicht der Fall sei. Nicht selten landen die Kinder auf der Straße oder im Heim: Man spricht von 350.000 sogenannten „EU-Waisen". Manche Rumänen reisen zusätzlich zu ihrem Job in der Heimat zu einzelnen Schichtdiensten nach Großbritannien oder Österreich. Auch das ist nicht auf Dauer praktikabel, weder angesichts der psychischen und körperlichen Belastungen, noch angesichts der zusätzlichen Kosten, die das Pendeln verursacht und die auch durch das höhere Gehalt in den Zielländern nicht finanzierbar sind. Viele Krankenpflegerinnen kehren aus Gründen wie diesen nach drei bis fünf Jahren nach Rumänien zurück.

1.4.2 Wer hat die besten Deutschkenntnisse?

Es ist eine Floskel, die ausländischen Fachkräften in Orientierungskursen unermüdlich eingetrichtert wird: „Die Sprache ist der Schlüssel zur Integration." Aber sie stimmt. Internationale Bewerber, die im Sozial- und Gesundheitswesen in Deutschland arbeiten möchten, sollten bereits vor der Einreise Deutsch gelernt haben. Abgesehen davon, dass eine Person ohne oder mit sehr geringen Sprachkenntnissen Schwierigkeiten in der Kommunikation mit den Kollegen und Patienten, aber auch im Privatleben haben wird und daher sehr schwer zu integrieren ist, werden von den Behörden in den allermeisten Fällen Sprachkenntnisse auf Niveau B2 für die Anerkennung des ausländischen Abschlusses gefordert. Ohne die Anerkennung können Sie die Personen nur als Hilfskräfte beschäftigen. Anders gesagt: Je weniger Deutsch die einreisenden Arbeitskräfte sprechen, desto länger die Vorlaufzeit, bis sie als vollwertige Fachkraft eingesetzt werden können. Erfahrungsgemäß ist die Motivation, die neue Sprache zu lernen, nicht besonders hoch oder sinkt sehr schnell nach der Einreise. Das liegt zum einen daran, dass Deutsch als schwer empfunden wird. Zum anderen daran, dass die frisch eingereisten Migranten mit der Eingewöhnung genug zu tun haben. Sich zusätzlich noch aufs Vokabelnpauken zu konzentrieren, ist viel verlangt. Wenn sie dann noch auf andere Migranten aus ihrem Heimatland treffen, ist die Versuchung, weiter in der Muttersprache zu kommunizieren, besonders hoch.

Es liegt also an Ihnen als Arbeitgeber, dafür zu sorgen, dass Ihre ausländischen Mitarbeiter beim Deutschlernen am Ball bleiben – und unsere Sprache idealerweise schon möglichst gut sprechen, bevor sie einreisen. Jeder Berührungspunkt Ihrer Bewerber mit der deutschen Sprache hilft: Weltweit gibt es deutsche Gemeinden, deutsche Vereine, deutsche Expat-Netzwerke, Sprachschulen oder Nichtregierungsorganisationen als Anbieter von Deutschkursen, deutsche Universitäten, Bildungsinstitute oder andere Bildungsstätten, auf die Sie zugehen können.

Im europäischen Ausland ist die Wahrscheinlichkeit höher, Bewerber mit Deutschkenntnissen zu finden, als auf anderen Kontinenten. „In Ungarn lernen die Kinder in der Schule Deutsch, außerdem gibt es die große Gruppe der Donauschwaben mit deutschen Vorfahren", weiß László Schneider, Geschäftsführer der Personalagentur EUPaRS. Auch in anderen Teilen Osteuropas ist Deutsch als Fremdsprache verbreitet. Erfahrene Arbeitgeber berichten, dass es Menschen aus Bosnien-Herzegowina leichtfalle, Deutsch zu lernen, während das Deutsch asiatischer Migranten auch nach Jahren noch schwer zu verstehen sei.

Wichtig zu wissen ist, dass Sprachzertifikate aus dem Ausland gefälscht sein können. Dass unseriöse Anbieter von Sprachkursen bei den Prüfungen gerne einmal beide Augen zudrücken und ein

Sprachniveau bescheinigen, das nicht den tatsächlichen Fähigkeiten des Bewerbers entspricht. Unternehmen berichten auch von Bewerbern, die zunächst angaben, Deutschkenntnisse zu haben, was sich im weiteren Bewerbungsprozess als unwahr herausstellte. Überprüfen Sie also selbst und möglichst früh im Prozess, wie gut die Person Deutsch spricht, bevor Sie sie einstellen. Erwarten Sie aber auch nicht zu viel. Erfahrene Arbeitgeber berichten, dass man mindestens zwei Jahre in einem Land leben muss, bis man eine Sprache in Alltags- und Arbeitszusammenhängen intuitiv benutzen kann. Noch schwieriger wird es, wenn man es mit einem Dialekt zu tun bekommt. Ein formelles Motivationsschreiben, das in einer Fremdsprache verfasst wurde, klingt häufig unverständlicher als das Deutsch, das der Bewerber im persönlichen Dialog spricht. Bewerber ohne oder mit rudimentären Deutschkenntnissen können Sie ohnehin nicht einfach aussortieren – da bliebe kaum jemand übrig. Viele Arbeitgeber oder große Projekte wie „Triple Win" (siehe Kapitel 2.3.2 „Kooperationsform entscheiden") oder „Learn | Match | Integrate" (siehe Kapitel 1.4.6 „Länderbeispiele: Balkanregion") sind daher dazu übergegangen, selbst Deutschkurse vor Ort zu organisieren.

Letztendlich gibt es drei Möglichkeiten:

- Der Bewerber lernt Deutsch, bevor er nach Deutschland einreist. Das hat den Vorteil, dass Sie ihn in dieser Phase bereits ausführlich kennenlernen und auf die Einreise vorbereiten können. Allerdings verlängert und verteuert das die Vorbereitungsphase, und das Durchhaltevermögen der Bewerber wird auf eine harte Probe gestellt.

- Alternativ absolviert der Bewerber direkt nach der Einreise einen Intensiv-Deutschkurs, bevor er seine Arbeit aufnimmt. So macht er schneller Fortschritte in der Sprache, weil er sich ausschließlich darauf konzentrieren kann. Ihnen entstehen allerdings Kosten, ohne dass Sie bereits von einer Arbeitsentlastung profitieren.

- Die dritte Möglichkeit wäre daher, dass der Bewerber seine Arbeit sofort aufnimmt, aber stundenweise freigestellt wird, um einen Deutschkurs besuchen zu können. Das hat den Vorteil, dass er die gelernten Worte, besonders die Fachsprache, direkt im Arbeitsalltag anwenden kann und sie sich so besser einprägt. Andererseits dauert es auf diese Weise länger, die Sprache zu lernen, und die Doppelbelastung bringt viele Migranten an ihre Grenzen.

Grundsätzlich sollte jeder aus dem Ausland eingereiste neue Mitarbeiter in den ersten zwei Jahren Sprachkurse und Konversationsgruppen besuchen, egal wie gut er bereits Deutsch spricht. Das Bundesamt für Migration und Flüchtlinge bietet Kurse der sogenannten berufsbezogenen Deutschsprachförderung an, für die es die Hälfte der Kosten übernimmt (näheres siehe unter: http://bit.ly/2gwnaeV). Die andere Hälfte der Kosten übernehmen in der Regel die Arbeitgeber. Teilnehmen können unter anderem Migranten, die sich in der Ausbildung befinden oder gerade das Anerkennungsverfahren für ihren Berufsabschluss durchlaufen.

1.4.3 In welches Land bestehen bereits Kontakte?

Sehr hilfreich ist es, wenn Sie ein Herkunftsland auswählen, in das auf die eine oder andere Weise bereits Kontakte bestehen, an die Sie anknüpfen können:

- Unterhält Ihre Stadt Verbindungen zu Partnerstädten in anderen Ländern?

- Haben Sie vor, demnächst in einem bestimmten Land Hilfsprojekte aufzubauen, soziale Dienstleistungen anzubieten oder ein Pflegeheim zu eröffnen (der europäische Binnenmarkt macht's möglich)?

- Sind Sie ein konfessioneller Träger und können leicht Kontakt zu deutschen Kirchengemeinden im Ausland aufnehmen?

- Gibt es in Ihrer Einrichtung Mitarbeiter mit einer anderen Muttersprache als Deutsch oder mit Wurzeln in anderen Ländern – Mitarbeiter mit Migrationshintergrund oder Mitarbeiter, die länger im Ausland gelebt haben?

Jeder Kontaktpunkt ist wichtig und vereinfacht den Start Ihres internationalen Recruiting-Projektes.

In manchen Ländern (Lateinamerika, arabischer Raum, Teile Asiens und Afrikas) laufe ohne „Vitamin B" sowieso nichts, schreibt Matthias Schneider im Leitfaden „Nachhaltige internationale Personalgewinnung": „Persönliche Kontakte und Beziehungen spielen in diesen Ländern eine zentrale Rolle und beeinflussen berufliche Entscheidungen maßgeblich."

1.4.4 Rechtliche Fragen klären: Aufenthaltstitel, Arbeitserlaubnis und die Anerkennung ausländischer Berufsqualifikationen

Bevor Sie ausländische Fachkräfte oder geflüchtete Menschen beschäftigen, sind einige rechtliche Fragen zu klären:

- Darf sich die Person in Deutschland aufhalten?

- Darf sie hier arbeiten?

- Darf sie in der konkreten Position beschäftigt werden, für die Sie sie vorgesehen haben?

Wer sich zum ersten Mal durch die offiziellen Informationsangebote der Bundesministerien klickt, ist schnell von der Vielzahl unterschiedlichster Rahmenbedingungen je nach Herkunftsland und Beruf erschlagen – auch wenn die Informationen dort modern und übersichtlich aufbereitet sind. Wie mag es dann wohl erst der ausländischen Fachkraft gehen?

Verlieren Sie nicht den Mut, wenn Sie im rechtlichen Dschungel den Überblick zu verlieren drohen: Für Unternehmen, die bereits seit einiger Zeit internationales Recruiting betreiben, sind die rechtlichen Fragen, die am Anfang so drängend und undurchschaubar erscheinen, beileibe nicht mehr die wichtigsten Fragen. Wie und wo man einen Aufenthaltstitel verlängert, ist schnell geklärt. Dass man je nach Bundesland, Behörde oder sogar Sachbearbeiter unterschiedliche Vorgehensweisen erlebt, ist ärgerlich, aber damit kann man leben. Die viel größeren Fragezeichen entstehen rund um die Integration und Bindung der ausländischen Fachkräfte.

Doch da Sie eingangs um die rechtlichen Fragen nicht herumkommen: Mit folgenden Tipps gelingt es, den Überblick zu bewahren und den Mut, sich in der internationalen Rekrutierung zu engagieren, nicht zu verlieren.

Umgang mit rechtlichen Fragen

- Versuchen Sie nicht, die Prozedere für sämtliche Herkunftsländer und Aufenthaltsarten zu verstehen, sondern konzentrieren Sie sich auf den konkreten Fall Ihrer Zielgruppe.

- Suchen Sie sich einen Kooperationspartner, der Fachkräfte nicht nur vermittelt, sondern sich auch um Visum, Arbeitserlaubnis und die Anerkennung des Berufsabschlusses kümmert.

- Beginnen Sie Ihr internationales Recruiting in einem einzigen Land und bauen es nach und nach aus.

- Binden Sie Ihre Rechtsabteilung ein. Die Juristen finden sich im Dschungel der rechtlichen Informationen schneller zurecht.

- Nutzen Sie ein Beratungsangebot, zum Beispiel von Welcome Centern, von der Zentralen Auslands- und Fachvermittlung der Bundesagentur für Arbeit, einer Organisationsberatung (siehe auch die Informationen im Kapitel 2.3 „Geeignete Kooperationspartner finden")

- Verlassen Sie sich nur auf Informationsmaterial von offiziellen Stellen wie den Bundesministerien oder der Bundesagentur für Arbeit. Achten Sie auf ein aktuelles Veröffentlichungsdatum. Konsultieren Sie zu rechtlichen Fragen nicht die zahlreichen online kursierenden Broschüren und Leitfäden verschiedenster Anbieter, die zum Teil veraltet sind und nicht aktualisiert werden. Auch Broschüren von offiziellen Stellen, die auf den Seiten anderer Anbieter zum Download angeboten werden, können veraltet sein.

Die komplexen rechtlichen Rahmenbedingungen des internationalen Recruitings, deren Grundlage unter anderem das Aufenthaltsgesetz, die Beschäftigungsverordnung, das Asylgesetz, die EU-Richtlinie über die Anerkennung von Berufsqualifikationen und das Freizügigkeitsgesetz bilden, wollen wir nun einmal anreißen. Einen umfangreichen Überblick gibt das Portal make-it-in-germany.com – ein Angebot des Bundeswirtschaftsministeriums, des Bundesarbeitsministeriums und der Bundesagentur für Arbeit. Auch der Fachratgeber „Arbeitsmarktzugang für Ausländer" von Yasemin Körtek und Alexandra-Isabel Reidel (Walhalla, 2016) bietet einen Einstieg in das Thema – gerade für Projektverantwortliche, die noch kein Vorwissen auf dem Gebiet des Migrationsrechts haben. Die Rahmenbedingungen lassen sich wie folgt zusammenfassen:

1.4.4.1 Unionsbürger

EU-Bürger und Staatsangehörige aus Norwegen, Island, Liechtenstein und der Schweiz dürfen ohne Aufenthaltstitel (Visum) und Arbeitserlaubnis nach Deutschland einreisen, sich hier niederlassen und eine Arbeit aufnehmen. Sie müssen sich lediglich beim Einwohnermeldeamt anmelden. Um eine Stelle als Fachkraft in einem sogenannten reglementierten Beruf anzunehmen, müssen sie aber ihren ausländischen Berufsabschluss anerkennen, also die Gleichwertigkeit ihrer ausländischen Berufsqualifikation mit einem deutschen Referenzabschluss feststellen lassen und sich gegebenenfalls nachqualifizieren. Bei Pflegekräften aus der EU wird die ausländische Berufsqualifikation inhaltlich immer anerkannt, wenn die Ausbildung beziehungsweise das Studium nach dem Beitritt des Landes zur EU begonnen wurde. Zur vollständigen Anerkennung müssen die Fachkräfte aus der EU allerdings auch Deutschkenntnisse auf Niveau B2 nachweisen. Bei Erziehern und anderen Berufsgruppen im Sozial- und Gesundheitswesen wird die inhaltliche Anerkennung im Einzelfall geprüft. Bei Personen, die noch keine Berufsqualifikation mitbringen und in Deutschland eine Pflegeausbildung beginnen möchten, wird die Anerkennung des Schulabschlusses notwendig. Zuständig sind die Zeugnisanerkennungsstellen der Bundesländer beziehungsweise, wenn die Person ein Pflegestudium aufnehmen möchte, die Hochschulen.

1.4.4.2 Drittstaatler

Bewerber aus Drittstaaten brauchen eine bestimmte Form von Aufenthaltstitel (Visum), der es Ihnen erlaubt, eine Erwerbstätigkeit auszuüben. Er muss schon vor der Einreise bei der Deutschen Auslandsvertretung (Botschaft, Konsulat) im Herkunftsland beantragt werden. Hierzu ist ein Arbeitsvertrag oder ein Vorvertrag vorzulegen. Die Deutsche Auslandsvertretung bindet, wenn notwendig, die Zentrale Auslands- und Fachvermittlung der Bundesagentur für Arbeit ein, um die Arbeitsgenehmigung für die konkrete vakante Stelle einzuholen. Zur Beschleunigung kann der Arbeitgeber bei der Zentralen Auslands- und Fachvermittlung vorab prüfen lassen, ob eine freie Stelle mit ausländischen Arbeitnehmern besetzt werden darf („Vorabzustimmungsverfahren"). Die Genehmigung wird erteilt, wenn kein Deutscher oder EU-Bürger für die vakante Stelle zur Verfügung steht („Vorrangprüfung"). Auch Angehörige aus Drittstaaten müssen ihre ausländische Berufsqualifikation anerkennen lassen. Für sie besteht außer der sofortigen Anerkennung und der Teilanerkennung mit Auflagen auch die Möglichkeit der Ablehnung des Antrags. Menschen aus Staaten, die im Verhaltenskodex der Weltgesundheitsorganisation für die Anwerbung ausländischer Pflegefachkräfte ausgeschlossen sind, dürfen beschäftigt werden, wenn sie sich legal in Deutschland aufhalten, zum Beispiel als Ehepartner eines deutschen Staatsbürgers.

Zusätzlich gibt es zahlreiche Ausnahme- und Sonderregelungen zum Beispiel für Länder, die EU-Beitrittskandidaten sind, für Länder, mit denen sogenannte Mobilitätspartnerschaften getroffen wurden, für Staatsangehörige sogenannter privilegierter Staaten, im Rahmen des Asylverfahrensbeschleunigungsgesetzes oder für die Einstellung von geflüchteten oder asylsuchenden Menschen. Eine Sonderregelung gilt beispielsweise für Akademiker aus Drittstaaten (zum Beispiel Ärzte): Sie können die sogenannte Blaue Karte EU als Aufenthaltstitel erhalten, wenn sie eine akademische Arbeitsstelle finden und der Arbeitgeber ihnen ein Gehalt zahlt, das über einer festgelegten Grenze liegt. Für Pflegekräfte, obwohl sie meist einen Pflegebachelor aus dem Ausland mitbringen, gilt diese Sonderregelung nicht, da die Pflegeberufe in Deutschland keine akademischen Berufe sind. Pflegekräfte profitieren aber von der Regelung für Mangelberufe, die auf der sogenannten Positivliste der Bundesagentur für Arbeit genannt werden. Für diese Berufe gibt es ein vereinfachtes Verfahren, um eine Aufenthaltserlaubnis zur Ausübung einer Erwerbstätigkeit zu bekommen, auch wenn die Person aus einem Drittstaat kommt: Die Vorrangprüfung entfällt. Im Einzelnen sind das (Stand 31. Juli 2017) Berufe der Gesundheits- und Krankenpflege ohne Spezialisierung, Berufe der Fachkrankenpflege, Operationstechnischer und Medizinisch-technischer Assistent, Berufe in der Geburtshilfe/Entbindungspflege, Berufe in der Physiotherapie und Berufe in der Altenpflege. Die Positivliste wird halbjährlich aktualisiert.

1.4.4.3 Asylberechtigte, Flüchtlinge, Asylbewerber

Asylberechtigte oder anerkannte Flüchtlinge mit einem positiven Bescheid des Bundesamtes für Migration und Flüchtlinge dürfen arbeiten, ein Praktikum oder eine Ausbildung machen. Asylbewerber und geduldete Personen brauchen die Genehmigung der Ausländerbehörde in Abstimmung mit der Bundesagentur für Arbeit oder dem Jobcenter, um arbeiten zu dürfen. Die Genehmigung wird in folgenden Fällen nicht erteilt:

* während der sogenannten Wartefrist von drei Monaten,

* während der Unterbringung in einer Aufnahmeeinrichtung oder

* wenn die Person aus einem sicheren Herkunftsland stammt und der Asylantrag nach dem 31. August 2015 gestellt wurde.

1.4.4.4 Wichtigster Schritt: Ausbildungsvertrag oder Anerkennungsverfahren

Zusammenfassend lässt sich sagen: Der Aufenthaltstitel (Visum), die grundsätzliche Arbeitserlaubnis für Deutschland, die Arbeitsgenehmigung der Bundesagentur für Arbeit bezogen auf eine bestimmte Stelle sowie die Anerkennung der ausländischen Berufsqualifikation sind rechtlich unterschiedliche Dinge, jedoch eng aneinander gekoppelt. Der erste Schritt ist nicht, wie häufig angenommen, der Aufenthaltstitel oder die Arbeitserlaubnis, sondern der Ausbildungsvertrag oder das Anerkennungsverfahren des ausländischen Berufsabschlusses, aus dem sich ergibt, auf welche Weise die ausländische Fachkraft in Deutschland beschäftigt werden kann. Daraus ergibt sich die Art des Aufenthaltstitels, an den wiederum die Arbeitserlaubnis geknüpft ist.

Die Auswahl des Herkunftslandes hat einen großen Einfluss darauf, wie groß die rechtlichen Hürden zur Beschäftigung ausländischer Fachkräfte sind. Auch hier gilt der Hinweis: In Ländern mit relativ niedrigen Hürden stehen Sie in Konkurrenz zu vielen anderen Unternehmen, die dort auf der Suche nach Personal sind.

Zunehmend müssen Sie daher als Arbeitgeber auch höhere Hürden in Kauf nehmen. Die Erkenntnisse der Bertelsmann-Studie zur internationalen Fachkräfterekrutierung geben diesbezüglich teilweise etwas Entwarnung. Demnach schätzen erfahrene Personaler die Schwierigkeiten durch Bürokratie und rechtliche Unsicherheiten bei Fachkräften aus Drittstaaten nur geringfügig höher ein als bei Fachkräften aus der EU. Den Zeit- und Kostenaufwand für die Klärung erleben die Personaler bei Fachkräften aus Drittstaaten überraschenderweise sogar seltener als problematisch als bei EU-Bürgern. Die Anerkennung der Berufsqualifikationen und die Erteilung der Zuwanderungserlaubnis werden bei Menschen aus Drittstaaten allerdings als deutlich problematischer eingeschätzt als bei EU-Bürgern.

Nützliche Werkzeuge und Anlaufstellen für rechtliche Fragen

- Der „Migration-Check" der Bundesagentur für Arbeit: Damit finden Sie heraus, ob Ihr ausländischer Bewerber eine Arbeitserlaubnis benötigt: http://bit.ly/2yFTSXb

---

- Anerkennung in Deutschland – Das Informationsportal des Bundesbildungsministeriums: Hier erfahren Sie, welche Behörde für die Gleichwertigkeitsprüfung der beruflichen Qualifikation Ihres ausländischen Bewerbers zuständig ist: anerkennung-in-deutschland. de. Es ist im jeweiligen Bundesland die Behörde, die auch deutschen Pflegekräften ihre Anerkennung ausstellt.

- Zentrale Auslands- und Fachvermittlung der Bundesagentur für Arbeit: zav.de; thejobofmylife.de

- Informationen der Bundesagentur für Arbeit zur Beschäftigung von geflüchteten Menschen: http://bit.ly/2A7DFdJ

1.4.4.5 Nicht so seltene Sonderfälle

Theoretisch sind die rechtlichen Schritte zur Beschäftigung ausländischer Fachkräfte also klar, in der Praxis kommt es jedoch immer wieder zu Hürden, die nur mit einigem Durchhaltevermögen überwunden werden können. Probleme bereiten zum Beispiel ausländische Berufe im Gesundheitswesen, die von den klassischen, in Deutschland bekannten Berufen abweichen. Mir wurde der Fall einer berufserfahrenen sogenannten Feldscherin (in etwa vergleichbar mit einer Feldärztin) aus Weißrussland vorgetragen, die sich um eine Anerkennung als Pflegefachkraft in Deutschland bemühte. Da die zuständigen Behörden hier nicht auf Routinen zurückgreifen konnten, zog sich das Anerkennungsverfahren in die Länge. Die Dame arbeitete monatelang unentgeltlich und lebte in prekären Verhältnissen, in der Hoffnung, dass sich die Situation zu ihren Gunsten klären würde. Und zwar, obwohl ihr eine Zusage für einen Arbeitsvertrag vorlag. Nur durch hartnäckigen Einsatz des Personalvermittlers, der E-Mail-Verkehr und Telefonate mit der Ausländerbehörde, der Bundesagentur für Arbeit, dem Landesamt für Gesundheit, der Pflegeschule und dem Ministerium beinhaltete, konnte eine Ausnahmegenehmigung zur Teilnahme an einer Anpassungsqualifizierung erreicht werden.

Probleme bekommt zum Beispiel auch ein Bosnier, der in Deutschland Asyl beantragt hat. Als Asylbewerber aus einem sicheren Herkunftsland darf er nicht arbeiten. Andererseits hätte er eigentlich gar kein Asyl beantragen müssen, sondern aufgrund einer Sonderregelung eine Arbeitserlaubnis erhalten können: Das von der Bundesregierung im Zuge des Asylverfahrensbeschleunigungsgesetzes aufgesetzte Verfahren für Arbeitsmigranten aus dem Westbalkan ist in der Beschäftigungsverordnung geregelt.

Kurz: Alles, was nicht nach Schema F läuft, kann kompliziert werden. Da ausländische Fachkräfte jedoch selten in Schablonen passen, kann es ziemlich oft kompliziert werden. Und selbst in Routinefällen erfordern die umfangreichen Formulare und Nachweise, die von ausländischen Fachkräften und selbst von ihren ehrenamtlichen Helfern aus Deutschland kaum verstanden werden oder schwer zu erbringen sind, einige Frustrationstoleranz. Bei Arbeitgebern und internationalen Fachkräften hält sich hartnäckig der Eindruck, die deutschen Behörden betrachteten Arbeitsmigration nicht als eine normale Erscheinung, mit der seit vielen Jahren umgegangen wird, sondern als eine Ausnahmesituation, die die Sachbearbeiter in jedem individuellen Fall wieder an die Grenzen des Machbaren bringt. „Einerseits propagiert die Bundesregierung im Kontext ihrer Fachkräfteoffensive den Aufbau einer Willkommens- und Anerkennungskultur, versucht mit Initiativen und Modellprojekten die Gewinnung internationaler Pflegefachpersonen zu fördern. Andererseits sind die tatsächlichen Hürden immer noch sehr groß", heißt es in der Bertelsmann-Studie. Wichtig ist nun, nicht die Geduld zu verlieren. Wenn Sie sich darauf einstellen, dass die rechtlichen Verfahren ihre Zeit dauern werden und die internationalen Fachkräfte mental darauf vorbereiten, wenn Sie diese Zeit sinnvoll nutzen – zum Beispiel mit Deutsch- und Orientierungskursen im Herkunftsland –, werden sie vom schier unüberwindlichen Hindernis zum notwendigen Übel.

Beschäftigung von Geflüchteten: „Ich will Deutschland zurückgeben, was es mir gegeben hat"

Die Integration von Geflüchteten in den deutschen Arbeitsmarkt ist ein Weg, den Arbeitgeber gehen, um die Lücken in der Personaldecke zu schließen. Sie leisten damit einen wichtigen gesellschaftlichen Beitrag, werden dafür allerdings manchmal mit rechtlichen Hindernissen „belohnt". Es kann Probleme mit der Arbeitserlaubnis und einer drohenden Abschiebung geben – so wie im Fall von Frau P. (29) aus dem Kosovo, die ihre Geschichte auf diakonie.de erzählt:

„Plötzlich bin ich in einer Stadt aufgewacht, die doppelt so groß ist wie mein Land", beschreibt Frau P. ihre ersten Tage in Berlin. Sie hatte in ihrer Heimat nach erfolgreich absolviertem Bachelor- und Masterstudium zwei Jahre als Lehrerin gearbeitet, bevor plötzlich gar nichts mehr ging. Aus dem Job geboxt von korrupten Entscheidern, stand sie plötzlich vor dem Nichts. Arbeitslosigkeit, massive Bedrohungen, schlechte gesundheitliche Versorgung und weitere Gründe führten sie und ihren Mann dazu, nach Deutschland zu flüchten. Hier wollen sie sich eine Zukunft aufbauen. Beide begannen sofort damit, Deutsch zu lernen. „Dass ich selbst Lehrerin bin, hat mir sicher dabei geholfen, mich in der neuen Sprache schnell zurechtzufinden", sagt Frau P. in einwandfreiem Deutsch. Und fügt lachend hinzu: „Neue Sprache, neue Kultur, neue Welt!"

Damit meint sie wohl auch den Arbeitsbereich Pflege, den sie in ihrem Qualifizierungskurs zur Pflegehelferin intensiv kennenlernte. Unter dem Motto „Deutsch sprechen. Pflege lernen. Bei uns arbeiten." hat der Diakonie Pflege-Verbund Berlin einen Modellkurs ins Leben gerufen, der Geflüchteten Perspektive bietet. Frau P. war die allererste Bewerberin. Ihr Mann nahm an einer späteren Kursrunde teil. „Wir haben uns im Herbst 2015 zwei große Fragen gestellt: Wie können wir uns bei der Bewältigung der Flüchtlingskrise einbringen und dabei gleichzeitig auf den Pflegenotstand in unserem Land reagieren?" erläutert Geschäftsführer Karl-Martin Seeberg. Am Ende der ersten Kursrunde bekamen vier Teilnehmer sofort eine Arbeitserlaubnis, vier weitere befanden sich auf bestem Weg dorthin. Nur bei Frau P. und einer Teilnehmerin aus Albanien gab es Probleme. Dabei lagen ihnen gleich mehrere Jobangebote vor. Doch der Kosovo und Albanien sind als sichere Herkunftsstaaten eingestuft, die beiden Frauen waren trotz Qualifizierung, Deutschkenntnissen und offensichtlichem Bedarf von der Abschiebung bedroht. „Ich hatte bereits fünf Anträge auf Arbeitserlaubnis gestellt, alle wurden abgelehnt", berichtet Frau P. ernüchtert. „Meine Kollegen setzten sich so für mich ein, aber trotzdem sollte plötzlich alles vorbei sein." Sie senkt den Kopf und fügt hinzu: „Ich gehe auf keinen Fall in den Kosovo zurück. Ich hoffe so sehr, dass ich hier bleiben und Deutschland zurückgeben kann, was es mir gegeben hat."

Erst nach langem Bangen erhielt Frau P. dann doch noch eine Arbeitserlaubnis. Sie nahm eine Anstellung bei einem ambulanten Pflegedienst des Pflege-Verbundes an. Nach einigen Monaten begann sie eine Ausbildung zur Altenpflegerin und wurde schließlich schwanger. Seitdem darf sie nur noch am Theorieunterricht teilnehmen. Damit die Fehlzeiten nicht so hoch werden und sie ihren Aufenthaltsstatus nicht verliert, will sie bereits zwei Monate nach der Entbindung wieder arbeiten. Ihr Arbeitgeber und die Fachschule unterstützten die Familie, damit sie bleiben kann. Frau P.s Mann hat inzwischen ebenfalls seinen Qualifizierungskurs zur Pflegekraft beendet. Auch er darf aber wegen einer eingeschränkten Arbeitserlaubnis nicht bei Frau P.s Arbeitgeber anfangen.

1.4.5 Die Vergleichbarkeit ausländischer und deutscher Berufsabschlüsse

Noch ein paar Worte zum Thema ausländische Berufsabschlüsse. Es hat nicht nur eine rechtliche, sondern zusätzlich eine inhaltliche Dimension. Selbst wenn die Länder innerhalb der EU ihre Pflegeausbildungen gegenseitig anerkennen, selbst wenn Fachkräfte aus Drittstaaten die Anerkennung ihres Berufsabschlusses nach einer Anpassungsqualifizierung erhalten haben, bedeutet das noch lange nicht, dass sie dasselbe können wie in Deutschland ausgebildete Fachkräfte.

Gerade in der Pflege haben die Ausbildungen in anderen Ländern andere Schwerpunkte und sind theoretischer angelegt. Pflege ist dort ein akademischer Beruf, die Fachkräfte haben mindestens eine zwölfjährige Schulbildung, ein drei- oder vierjähriges Studium und einen Bachelorabschluss, teils auch einen Master oder einen Doktortitel (PhD). In Deutschland dagegen wird an Krankenpflege- oder Berufsfachschulen für die Gesundheits- und Krankenpflege, Kinderkrankenpflege und Altenpflege ausgebildet, der Zugang ist nach zehnjähriger Schulbildung möglich und die Ausbildungsdauer beträgt nur drei Jahre. Die Ausbildung besteht aus Theorie- und Praxisanteilen. Dieser Unterschied führt dazu, dass Pflegefachkräfte aus dem Ausland eher darauf vorbereitet sind, medizinische Tätigkeiten wie Blutabnahme oder Blutzuckermessung durchzuführen. Vor allem in der Grundpflege kennen sie sich nicht aus und lehnen diese Aufgaben auch zunächst ab, weil sie dafür von ihrem Berufsverständnis her überqualifiziert sind. Den Patienten waschen, seine Bettwäsche wechseln, ihm Essen reichen – das übernehmen teils Hilfskräfte, teils Angehörige.

Eine meist rein theoretische Ausbildung unterhalb der Hochschulen führt in anderen Ländern, wenn überhaupt vorhanden, in die Pflegeassistenz. In Spanien heißen diese Mitarbeiter beispielsweise „Auxiliares". Der Beruf des Altenpflegers ist dagegen in anderen Ländern unbekannt oder es gibt ihn noch nicht lange oder er ist nicht annähernd gleichwertig mit dem des Krankenpflegers. Meist werden alte Menschen zu Hause von ihren Familien gepflegt. Pflegeheime gibt es nur vereinzelt für in Armut lebende Menschen ohne Familienanschluss.

Für einen Einsatz in der deutschen Altenpflege kommen also nur Krankenpfleger aus anderen Ländern infrage. Allerdings ist der Unterschied zwischen der Krankenpflege im Ausland und der Altenpflege in Deutschland noch größer als zwischen der Krankenpflege im Ausland und der Krankenpflege in Deutschland. Das führt dazu, dass internationale Fachkräfte, die zunächst in der Altenpflege eingesetzt werden, häufig nach kurzer Zeit in die Krankenhilfe wechseln.

Als Arbeitgeber sollten Sie dieses Problem von Anfang an auf dem Schirm haben und sinnvolle Gegenmaßnahmen ergreifen. Diese beginnen bei der ausführlichen Information der ausländischen Bewerber über das, was sie in der deutschen Altenhilfe erwartet, und gehen in eine professionelle Personalentwicklung über (siehe Kapitel 2.5 „Integration und Bindung ausländischer Fachkräfte"). „Die Einführung der generalistischen Pflegeausbildung könnte dieses Problem entschärfen", hofft Thorsten Walter von der Diakonie Neuendettelsau.

Die Vergleichbarkeit von Berufsabschlüssen innerhalb der Europäischen Union

Um die Arbeitsmigration innerhalb der EU zu vereinfachen, sollen die Berufsabschlüsse der Mitgliedsstaaten leichter vergleichbar gemacht werden. Der Fokus wird dazu auf die Kompetenzen gelegt, die die Arbeitnehmer mit der entsprechenden Ausbildung oder dem entsprechenden Studium mitbringen („Kompetenzorientierung"). Bei akademischen Berufen ist das durch die Einführung von Bachelor- und Masterabschlüssen bereits geschehen. Für die Ausbildungsberufe im Sozial- und Gesundheitswesen stecken die Bemühungen noch in den Kinderschuhen. Die Grundlage bildet der sogenannte Europäische Qualifikationsrahmen für lebenslanges Lernen (EQR), an dem sich der Deutsche Qualifikationsrahmen (DQR) orientiert. Mithilfe der Qualifikationsrahmen werden Ausbildungs- und Hochschulabschlüsse in acht Qualifikationsebenen einsortiert.

Für die Auswahl eines Herkunftslandes bedeutet die beschriebene Sachlage, dass Sie sich das Curriculum des dortigen Pflegestudiums genau ansehen und mit dem Arbeitsalltag in Ihrem Pflegebereich vergleichen sollten, um darauf vorbereitet zu sein, welche Kenntnisse Ihre neuen Mitarbeiter mitbringen – und welche nicht. Nicht nur im Bereich Grundpflege muss häufig nachgeschult werden. Auch in anderen Altenhilfe-typischen Bereichen wie in der Pflege von dementen Patienten, der aktivierenden Pflege oder in der Langzeitpflege gibt es Nachholbedarf. Besonders wichtig wird das, wenn Sie die Anpassungsqualifizierung selbst durchführen wollen. Krankenhäuser und Pflegeheime berichten übereinstimmend, dass die Arbeitsmigranten auch nach der Anpassungsqualifizierung nicht ohne weiteres Training in der Schichtleitung eingesetzt werden können.

Manche Länder (zum Beispiel Vietnam) haben signalisiert, ihre Pflegeausbildung modernisieren und sich dabei am deutschen Curriculum orientieren zu wollen. Hier lohnt es sich, die Entwicklungen im Auge zu behalten. Denn je ähnlicher die Ausbildungsinhalte den deutschen sind, umso weniger müssen Sie nacharbeiten.

Wie eine spanische Pflegestudentin die Vorzüge des deutschen Gesundheitssystems zu schätzen gelernt hat: „In Deutschland fühle ich mich den Patienten enger verbunden"

Alba Valera Paterna (22) aus Murcia in Spanien hat während ihres Pflegestudiums ein siebenwöchiges Pflichtpraktikum im Agaplesion Bethanien Krankenhaus in Frankfurt am Main absolviert. Nach ihrem Hochschulabschluss möchte sie gerne zurückkommen und dort als Gesundheits- und Krankenpflegerin arbeiten. Ihr Erfahrungsbericht zeigt, dass trotz vieler negativer Berichte über gescheiterte Rekrutierungen aus Spanien unter spanischen Fachkräften durchaus Aufgeschlossenheit gegenüber Deutschland und dem deutschen Verständnis von Pflege bestehen kann, wenn man sie sensibel vorbereitet.

Frau Valera Paterna, wie war Ihr Einstieg in Deutschland?

Das deutsche Pflegepersonal hat mich herzlich willkommen geheißen, es haben sich alle wirklich gut um mich gekümmert. Ich kannte das deutsche Gesundheitssystem nicht besonders gut und man hat mir alles erklärt. Aber ich muss zugeben, dass es für mich anfangs schwer war zu verstehen, was die Kollegen und Patienten zu mir sagten. Die erste Überraschung erlebte ich bei der ersten Schichtablösung: In Deutschland nimmt man sich vierzig Minuten Zeit für die Übergabe – in Spanien erledigen wir das in zehn Minuten!

Was hat Ihnen dabei geholfen, sich einzuleben?

Es gibt bei meinem Arbeitgeber auch andere ausländische Fachkräfte. Ich startete mein Praktikum zwar allein, begegnete ihnen aber auf der Station. Sie kamen zum Beispiel aus Ungarn und Bulgarien. Dadurch habe ich mich sehr unterstützt gefühlt. Die anderen waren schon mehrere Jahre in Deutschland, hatten aber am Anfang genau dasselbe erlebt wie ich. Wir konnten unsere Erfahrungen austauschen und uns über den Kulturschock unterhalten. Die multikulturelle Atmosphäre bei meinem Arbeitgeber hat mir geholfen, mich anzupassen.

Wie kamen Sie mit den Arbeitsaufgaben zurecht?

Am Anfang erlebte ich die Assistenzärzte als Eindringlinge in meinen Kompetenzbereich und war sehr frustriert. Ich hatte in meinem Studium selbst gelernt, einen venösen Zugang zu legen, nun durfte ich das nicht mehr machen, weil es in Deutschland die Aufgabe der Assistenzärzte ist. Aus spanischer Perspektive sind manche Aufgaben eines deutschen Gesundheits- und Krankenpflegers eher mit denen eines spanischen Pflegehelfers vergleichbar. Es gibt aber auch Aufgaben, die sich decken: Vitalwerte messen, Medikamente reichen, Verbände wechseln, Visite durchführen, mit anderen Dienstleistern in Verbindung treten, dokumentieren. Die größte Frustration kam nicht daher, dass ich Aufgaben unterhalb meines Kompetenzniveaus zusätzlich erledigen sollte, sondern dass ich die spannenden Aufgaben innerhalb meines Kompetenzniveaus an die Assistenzärzte abgeben musste. Das ist für mich ein wichtiger Unterschied. Ich glaube aber inzwischen, dass die Grundversorgung, die spanische Krankenschwestern lieber delegieren, sehr wichtig ist, um eine Beziehung zwischen Patient und Pflegefachkraft aufzubauen. In Deutschland erlebe auch ich eine engere Verbundenheit zu den Patienten. Ich erinnere mich an eine Situation mit einer Frau, die Hilfe beim Haarewaschen brauchte. Sie hat dabei so gelacht und sich hinterher so sehr bei mir bedankt – das war eine schöne Erfahrung! Letztendlich habe ich mich aus beruflicher Sicht in Deutschland weiterentwickelt und mein Wissen vertieft. Ich kann nur allen Pflegekräften aus anderen Ländern ans Herz legen, diesen Weg zu gehen.

1.4.6 Länderbeispiele: Balkanregion

Erste Eindrücke der Rekrutierung aus Bulgarien, Spanien, Vietnam, Ungarn und verschiedenen anderen Herkunftsländern haben Sie bereits erhalten. Im Folgenden wollen wir uns weitere Herkunftsländer beziehungsweise Weltregionen genauer ansehen, ohne dass dabei Empfehlungen ausgesprochen werden können. Vielmehr sollen die beispielhaften Einblicke Ihnen aufzeigen, auf welche Details es bei der Entscheidung ankommt und welche Auswirkungen sie auf die weiteren Vorbereitungen hat.

Es ist schwer, beim Vergleich der Herkunftsländer nicht in Klischees abzugleiten. Jeder Asiate arbeitet aufopferungsvoll und ist daher burnoutgefährdet? Jeder Südeuropäer will nachmittags Siesta halten und kommt daher nur für die Früh- oder Nachtschicht infrage? Die Menschen aus den verschiedenen Balkanstaaten verstehen sich untereinander grundsätzlich nicht und können niemals in einem Team zusammenarbeiten? Sicher nicht. Andererseits berichten Arbeitgeber durchaus von solchen Erfahrungen mit Migranten. Da hilft nur, offen zu bleiben und seine Einschätzungen immer wieder zu hinterfragen. Grundsätzlich ist in allen EU-Ländern die Überalterung der Gesellschaft ein Problem, sodass das Thema „Brain Drain" bei der Abwerbung von Fachkräften relevant wird.

Erfahrungsbericht aus Albanien: „Internationales Recruiting ist ein Langstreckenlauf"

Seit 2015 baut die junge Personal- und Organisationsberatung Beck International Recruitment gemeinsam mit der Nichtregierungsorganisation Nehemiah Gateway (nehemiah-gateway. org) das internationale Azubi-Projekt „learn | match | integrate" (learnmatchintegrate.de) auf. Es bereitet junge Menschen aus Albanien schwerpunktmäßig auf eine Altenpflegeausbildung in Deutschland vor. Der Erfahrungsbericht von Gründerin Charlotte Beck zeigt, welchen Mehraufwand internationale Rekrutierung aus Drittstaaten bedeutet.

Frau Beck, warum haben Sie entschieden, Auszubildende speziell aus Albanien nach Deutschland zu holen?
Albanien ist ein kleines Land in Südost-Europa und Beitrittskandidat für die Europäische Union. Ich halte es für sehr sinnvoll,

über Themen wie Ausbildung in Kontakt zu sein. Projekte wie unseres tragen dazu bei, den internationalen Austausch anzustoßen, sich gegenseitig kennenzulernen, voneinander und miteinander zu lernen, neue Perspektiven zu entwickeln und Knowhow und Erfahrungen zurück in die Region im Südosten Europas zu tragen. Es kamen letztlich zwei gesellschaftlich relevante Fragestellungen zusammen, nämlich eine enorm hohe Jugendarbeitslosigkeit von rund 30 Prozent in Albanien und ein zunehmender Mangel an Fachkräften in vielen Berufen in Deutschland.

Unser Projekt entstand ganz bewusst in enger Partnerschaft mit der Nichtregierungsorganisation Nehemiah Gateway, die seit 25 Jahren großartige Bildungsarbeit unter anderem in Albanien macht. Für unser Projekt bedeutet das konkret, dass die Sprachkurse bei Nehemiah Gateway auf einem sehr professionellen und anspruchsvollen Niveau durchgeführt werden. Das trifft leider nicht auf alle Anbieter zu, ist aber enorm wichtig für das Gelingen internationaler Recruiting-Projekte, da die sprachliche Qualifikation das A & O für die weiteren Schritte ist. Ein grundsätzlicher Vorteil des Formats einer Ausbildungspartnerschaft im Gegensatz zur Vermittlung von Fachkräften ist, dass die berufliche Sozialisation in Deutschland stattfindet. Die Teilnehmer lernen das deutsche Gesundheitssystem und die Arbeitswelt von Anfang an kennen.

Wie erleben Sie die rechtlichen Rahmenbedingungen für die Rekrutierung aus Albanien?

Die Rahmenbedingungen bei der beruflichen Anerkennung sind komplex. Da Albanien Drittstaat ist, also noch nicht zur EU gehört, werden Anträge durch die zuständigen Anerkennungsstellen individuell geprüft, was aufwendig und langwierig ist. Es gibt in jedem Bundesland unterschiedliche Vorgehensweisen, teils unterscheiden sie sich sogar von Region zu Region oder von Sachbearbeiter zu Sachbearbeiter. Das Anerkennungsverfahren ist wenig transparent, teilweise kompliziert und fühlt sich wenig einladend an – und nicht jeder internationale Bewerber oder deutsche Arbeitgeber hat dieselbe Unterstützung wie unsere Azubis und Projektpartner. Ähnliches erleben wir auch im Kontext anderer Fragestellungen: Zum Beispiel reisen unsere Auszubildenden mit einem Visum ein, das in einen elektronischen

Aufenthaltstitel umgewandelt werden muss. In manchen Orten bekommen wir das in einer Stunde erledigt, in anderen warten wir seit einem Jahr. Wenn Deutschland ein attraktives Land für internationale Bewerber sein möchte, müssen solche Hürden abgebaut werden.

Was ist der erste Schritt für Ihre Projektteilnehmer?

Sie lernen erst einmal in ihrem Herkunftsland ein Jahr Deutsch, bis sie das B2-Niveau erreicht haben. Begleitend zu den Sprachkursen beraten wir über die beruflichen Möglichkeiten in Deutschland. Dazu gehört, dass wir die Altenpflege realistisch vorstellen, denn das Berufsbild ist in Albanien noch unbekannt. Parallel zu den Sprachkursen bieten wir Kompetenz-Workshops und Bewerbertrainings an, die sehr früh auch schon auf Deutsch stattfinden. So haben die Teilnehmer Erfolgserlebnisse mit der neuen Sprache und merken, dass sie dem Unterricht folgen können. Ich persönlich spreche zum Beispiel sehr schnell und nehme da auch bewusst keine Rücksicht, denn später während der Altenpflegeausbildung in Deutschland wird das auch niemand tun. Die Lehrer sprechen vielleicht sogar einen Dialekt. Unsere Projektteilnehmer müssen sich im ersten Jahr schon ziemlich anstrengen, aber wir glauben: Wenn sie das durchhalten, schaffen sie später auch die Ausbildung.

Zu welchem Zeitpunkt findet dann die Vermittlung an deutsche Arbeitgeber statt?

Sobald ein echter Austausch auf Deutsch möglich ist, also mehr als nur Smalltalk, bringen wir unsere Azubis mit passenden Arbeitgebern zusammen. Wichtig ist nicht nur der Lebenslauf, sondern unbedingt auch das Kennenlernen, zum Beispiel über Videos und Audios, aber immer auch persönlich. Wenn es passt, bekommen die albanischen Projektteilnehmer einen regulären Ausbildungsvertrag. Erst damit können sie ihr Visum beantragen.

Integration und Begleitung ist der Kern unseres Projekts. Wir unterstützen die Auszubildenden nicht nur in der Matching-Phase, sondern insgesamt über vier Jahre hinweg – also zuerst durch die Phase des Deutschlernens bei unserem Partner Nehemiah Gateway und bei der Berufsfindung, aber auch während der gesamten Ausbildung hier in Deutschland. Wir sind immer für „unsere" Azubis erreichbar und bieten in Abstimmung mit den Arbeitgebern Workshops an, in denen wir Themen aufgreifen, die sie vor Ort gerade bewegen. Gleichzeitig sind wir natürlich auch für die Arbeitgeber da, unterstützen und denken mit.

Was sind Ihre wichtigsten Tipps für Arbeitgeber, die sich an das internationale Recruiting heranwagen wollen?

Seien Sie offen für Veränderungen! Stellen Sie sich darauf ein, dass durch ein internationales Recruiting-Programm eingefahrene Prozesse aufgebrochen werden. Die neuen Azubis, aber auch Ihre bestehenden Mitarbeiter werden plötzlich fragen: Warum machen wir dies so? Warum machen wir jenes so? Das ist für Ihr Unternehmen eine Riesenchance zur Weiterentwicklung! Auch gibt es, egal wie gut man sich vorbereitet, immer Situationen, an die vorher keiner gedacht hat. Das ruft Irritationen hervor, aber es ist vollkommen normal. Wichtig ist, wie damit umgegangen wird. Flexibel zu denken und auch jenseits altbekannter Wege schnell zu handeln mit dem Ziel, praxisnahe Lösungen zu finden, hilft. Das erfordert aber auch, dass die verantwortlichen Personen im Unternehmen Handlungsfreiheit bekommen.

Weil das internationale Recruiting sehr vielschichtig ist und sich die gesetzlichen, aber auch andere Rahmenbedingungen immer wieder ändern, ist es wichtig, auf dem Laufenden zu bleiben. Zum Beispiel fordert eine Behörde bestimmte Unterlagen in einer bestimmten Form an und ein Jahr später plötzlich in einer ganz anderen. Aufmerksamkeit hilft, um nicht in Fallen zu tappen oder Umwege in Kauf nehmen zu müssen. Wir machen sehr gute Erfahrungen damit, dass drei Kooperationspartner – Arbeitgeber, Bildungsträger und Recruiting-Experten – ihre unterschiedlichen Kompetenzen und Perspektiven einbringen, und als Netzwerk gemeinsam das Projekt zum Erfolg führen. Dabei sollte man darauf achten, dass die anderen Kooperationspartner dasselbe Verständnis von Erfolg haben. Das hat viel mit den zugrunde liegenden Werten zu tun. Und natürlich spielt es eine große Rolle, dass eine gemeinsame Ebene von Professionalität und Verlässlichkeit besteht. So entsteht eine Vertrauensbasis und die Zusammenarbeit macht richtig Spaß.

Und eine letzte wichtige Erkenntnis: In Bezug auf das On-boarding macht es eigentlich gar keinen großen Unterschied, ob eine Fachkraft aus dem Inland oder Ausland kommt. Jeder freut sich, wenn er beim Ankommen in einem Unternehmen begleitet wird. Wenn er einen Ansprechpartner hat, dem er auch mal eine „doofe Frage" stellen darf. Es kommt darauf an, Kollegen aus dem Team zu finden, die sich gerne bei der Integration einbringen, und ihnen dann Entscheidungs- und Gestaltungsfreiheit zu geben, damit es ihnen auch Spaß macht. Das wirkt sich nach unserer Erfahrung übrigens auch positiv auf die Kultur in der Organisation und auf die Arbeitgebermarke aus!

Welche Fragen, Sorgen und Bedürfnisse ausländische Fachkräfte ganz konkret beschäftigen, zeigt beispielhaft eine Onlinebefragung des Instituts für Jugendentwicklung KULT aus Bosnien-Herzegowina aus dem Sommer 2017. Daran haben 720 bereits emigrierte und noch in der Planungsphase einer Emigration befindliche Personen aus Bosnien-Herzegowina, Serbien, Montenegro und Kroatien teilgenommen. Die Onlinebefragung ergab, dass das Alter der ausgewanderten oder auswanderungswilligen Bürger zum Großteil zwischen 21 und 30 Jahren liegt und Frauen und Männer beinahe gleich stark vertreten sind. Mehr als 75 Prozent der Ausgewanderten und Auswanderungswilligen kommen aus einer städtischen Umgebung. Über 40 Prozent, mit Abstand die Mehrheit, geben Deutschland als „Traumziel" an, und noch einmal über zehn Prozent Österreich. Erst mit großem Abstand folgen dann Schweden und andere Staaten. „Das liegt daran, dass viele dieser Menschen oder ihre Eltern während des Krieges in den 90er-Jahren bereits in Deutschland gelebt haben", sagt Jasmin Besic, Geschäftsführer des Instituts für Jugendentwicklung KULT. „Im Gegensatz zum Beispiel zu Zentralasien, wo die Menschen noch relativ abgeschieden vom Westen leben und mit den Gegebenheiten zufrieden sind, wissen die Bosnier, dass sie in Deutschland ein besseres Leben haben könnten." Die meisten, über 50 Prozent, organisieren sich selbst eine Arbeit im Ausland, auch wenn sie dafür durchschnittlich 2.000 Euro aufbringen müssen (Kosten für Reisen, Übersetzungen, Sprachkurse, Visum). Die wenigsten suchen eine Arbeitsvermittlungsagentur auf – diese sind in Bosnien wenig präsent und werden skeptisch gesehen. Man hat Angst, betrogen zu werden.

Eines braucht der Arbeitsmigrant aus Bosnien auf jeden Fall: viel Geduld. „Um einen Termin in der deutschen Botschaft in Sarajevo zu bekommen, benötigt man einen Vorvertrag von einem deutschen Arbeitgeber. Dann wartet man vier bis sechs Monate auf den Termin. Eine öffentlich verkündete Begründung dafür, warum es so lange dauert, gibt es nicht", erklärt Jasmin Besic. „Dafür sind die Erfolgsaussichten groß: Die von der Bundesregierung im Zuge des Asylverfahrensbeschleunigungsgesetzes aufgesetzte Regelung für Arbeitsmigranten aus dem Westbalkan ist in Paragraf 26 der Beschäftigungsverordnung geregelt. Demnach bekommen Migranten aus diesen Herkunftsländern problemlos ein Visum, wenn sie ein konkretes Arbeits- oder Ausbildungsplatzangebot aus Deutschland vorlegen können und die Bundesagentur für Arbeit dem Antrag des Unternehmens auf Beschäftigung zustimmt. Voraussetzung ist, dass die Personen in den vergangenen zwei Jahren keine Leistungen aus dem Asylbewerberleistungsgesetz erhalten haben – oder sie ihren Asylantrag zurückgezogen haben und vor Inkrafttreten der Verordnung im Oktober 2015 freiwillig aus Deutschland ausgereist sind."

Als Hauptgründe für die (geplante) Auswanderung geben über 80 Prozent an, keine Hoffnung zu haben, dass sich die Situation ihres Landes oder ihre eigene Situation in näherer Zukunft verbessern wird (meistgenannter Grund). Knapp 70 Prozent sind mit der politischen Lage im Heimatland unzufrieden, knapp 60 Prozent beschweren sich über die Korruption. Solche Gründe, wie auch das schlechte Gesundheits- und Bildungssystem in der Heimat, wiegen weitaus schwerer als Gründe wie Arbeitslosigkeit oder die schlechte Vergütung. In ihrem Zielland, also in Deutschland, erhoffen sich die Auswanderer vom Westbalkan hauptsächlich ein besseres Leben für ihre Familie und eine bessere Ausbildung. Bessere berufliche Chancen sind nur die letztgenannte Erwartung auf einer Liste von sieben Punkten. Umgekehrt wäre allerdings der wichtigste Grund für die Rückkehr in die Heimat, wenn es dort berufliche Chancen gäbe (über 35 Prozent). Weitere Gründe wären eine stabilere politische Lage oder die Möglichkeit, selbst ein Unternehmen zu gründen. Positiv überrascht wurden die Einwanderer aus dem Balkan in Deutschland unter anderem von der hier herrschenden Gerechtigkeit, Sicherheit und effektiven Politik. Negativ überraschen sie die Fremdenfeindlichkeit, die negative Einstellung anderer Ausländer gegenüber dem Land, das ihnen eine Chance gegeben hat, und die distanzierten zwischenmenschlichen Beziehungen. Jasmin Besic vom Institut für Jugendentwicklung KULT betont, dass Bosnier, die zum Arbeiten nach Deutschland gehen, oft nicht nur in Deutschland mit Ausgrenzung zu kämpfen hätten, sondern auch in der Heimat. Zurückgebliebene Mitbürger nähmen es ihnen übel, dass sie das Land verlassen hätten. Nicht zuletzt brachte die Onlinebefragung die größten Ängste der Emigranten ans Tageslicht: Hier ist die Sorge, die Familie und Freunde zu vermissen (über 50 Prozent) und die Angst vor Fremdenfeindlichkeit (über 30 Prozent) größer als die Angst vor Schwierigkeiten mit der deutschen Sprache (gut 20 Prozent).

Und welche Erkenntnisse lassen sich nun aus Umfragewerten wie diesen für Ihr internationales Recruiting-Programm ableiten? Hier nur einige Beispiele: Wenn die Mehrzahl der Auswanderer aus dem Balkan das Leben in Städten gewohnt ist, lassen sich diese Menschen in Einrichtungen in der deutschen Provinz möglicherweise weniger gut integrieren als in deutschen Städten. „Vor allem aber arbeiten sie am liebsten in Süddeutschland, weil sie von dort aus in 20 Stunden mit dem Bus oder in einer Stunde mit dem Flugzeug in Sarajevo sind", weiß Jasmin Besic. Wenn Sie also eine bosnische Pflegefachkraft in Norddeutschland einstellen, könnte es gut sein, dass sie nach kurzer Zeit in eine Pflegeeinrichtung in Bayern oder Baden-Württemberg wechselt – wenn Sie ihr nicht besonders gute Gründe liefern zu bleiben. Da in Bosnien-Herzegowina bisher wenige Rekrutierungsagenturen unterwegs sind beziehungsweise die Bürger den vorhandenen Angeboten nicht trauen, ist dort noch viel Raum für deutsche Arbeitgeber, mit seriösen Recruiting-Programmen vor Ort an die Menschen heranzutreten und ihnen den Weg nach Deutschland zu erleichtern. Wenn Sie wissen, was ein typischer bosnischer Arbeitnehmer an Deutschland schätzt (Gerechtigkeit, Sicherheit, effektive Politik), können Sie Ihr Personalmarketing im Ausland auf diese Themen ausrichten (siehe Kapitel „Marketing") oder Ihre Stellenanzeigen entsprechend formulieren. Wenn Sie wissen, was die ausländischen Fachkräfte hierzulande stört (distanzierte zwischenmenschliche Beziehungen), können Sie daran arbeiten, dass sie solche abschreckenden Erfahrungen in Ihrem Unternehmen nicht machen müssen. Wenn die Auswanderer aus dem Balkan Deutschland als „Traumziel" benennen, stehen die Chancen für eine schnelle Integration besser als bei anderen Herkunftsländern, in denen es die Menschen eher in englischsprachige Länder zieht. Einigkeit herrscht unter deutschen Arbeitgebern, die bereits Erfahrungen mit bosnischen Pflegekräften gesammelt haben, dass Bosnier sehr schnell ein sehr gut verständliches Deutsch erlernen. Damit ist Bosnien-Herzegowina eines der wenigen Herkunftsländer, für dessen Fachkräfte die Sprachbarriere niedrig ist.

Ein weiteres Argument für die Anwerbung von Fachkräften vom Westbalkan ist die hohe Integrationsbereitschaft der Menschen, die nach Deutschland kommen, um zu bleiben: „Im Gegensatz zu Arbeitskräften aus Osteuropa lassen die Menschen aus Bosnien-Herzegowina ihre Kinder nicht zurück, sondern reisen gemeinsam aus", erklärt Jasmin Besic. „Sie verkaufen ihre Wohnungen und Autos. In den vergangenen zwanzig Jahren ist kaum jemand zurückgekehrt. Mit der Aussage: ›Ich kann ja jederzeit wieder zurückgehen‹ versuchen die Menschen oft nur, ihre Nervosität zu bannen. Sie möchten nicht als Gastarbeiter angesehen werden." In Umfrageergebnissen klingt das so: Fast 60 Prozent der Befragten haben ihre Familien von Anfang an mitgenommen oder planen, das zu tun, bei über 20 weiteren Prozent bereiten sich die Familien gerade darauf vor, nachzukommen. Über 50 Prozent möchten „auf jeden Fall" oder „wahrscheinlich" im Zielland bleiben, nur eine kleine Minderheit sagt, sie werde in die Heimat zurückkehren, sobald sich die Situation dort verbessert. Der Rest ist unentschlossen.

Zusammenfassend lässt sich sagen, dass die Rahmenbedingungen in den Herkunftsländern sehr unterschiedlich sind und dass die Entscheidung, ob Sie zum Beispiel vietnamesische oder rumänische Mitarbeiter beschäftigen, weitreichende Auswirkungen auf Ihr internationales Recruiting-Programm haben wird. Die „typische internationale Pflegefachkraft" gibt es nicht.

1.5 Die Kosten berechnen und die Finanzierung sichern

1.5.1 Kostenfaktoren für ein internationales Recruiting-Programm

Die Kosten für ein internationales Recruiting-Programm lassen sich nicht ganz leicht kalkulieren. Kommerzielle Personalvermittler verlangen laut Erfahrungswerten der von mir befragten Arbeitgeber zwischen 1,5 und drei Monatsgehältern plus Mehrwertsteuer pro vermittelter Fachkraft – rechnen Sie mit 3.500 bis 5.000 Euro – und vereinbaren Sie unbedingt, dass die Zahlung in Raten und gekoppelt an konkrete, nachweisbare Teilleistungen erfolgt. Bei „Triple Win", einem Projekt der Deutschen Gesellschaft für Internationale

Zusammenarbeit und der Bundesagentur für Arbeit (siehe Kapitel 2.3.2 „Kooperationsform entscheiden"), zahlen Sie derzeit eine sogenannte Umlage von 4.000 Euro pro Fachkraft (Stand Ende 2017). Manche privaten Anbieter lassen sich auf Verhandlungen über Sonderkonditionen ein, wenn Sie eine größere Zahl an Fachkräften „abnehmen".

Beim Vergleich der Angebote sollten Sie genau hinschauen: Welche Leistungen sind enthalten? Beratung, Sprachkurs, Visagebühren, Vorstellungsgespräch, Reisekosten, Begleitung bei Ämtergängen? Die enthaltenen Leistungen können stark voneinander abweichen und die Preise auch wieder relativieren. Mehrkosten für ein seriöses, transparentes, etabliertes Vermittlungsverfahren mit guten Referenzen und Erfolgsquoten wiegen das Risiko eines günstigen, aber unerfahrenen Anbieters unbedingt auf.

Auf keinen Fall sind mit der genannten Vermittlungsgebühr alle Kosten abgedeckt. Ausgaben für den Integrationsbeauftragten, die Anpassungsqualifizierung, ein Willkommensprogramm und vieles mehr (Liste siehe unten) kommen hinzu.

Ein Kostenfaktor, der häufig vergessen wird, sind Ausgaben, die die ausländische Fachkraft zwar langfristig aus ihrem Einkommen bezahlen soll, für die der Arbeitgeber jedoch zuerst in Vorleistung treten muss. Im ersten Monat, bevor die erste Vergütung gezahlt wurde, sind das beispielsweise Kosten für den öffentlichen Personennahverkehr oder für Lebensmittel. Aber auch mittelfristig können Vorleistungen notwendig sein: Da kaum ein Vermieter bereit ist, einen Mietvertrag mit einem ausländischen Staatsbürger abzuschließen, der sich noch in der Probezeit befindet oder dessen Aufenthaltsgenehmigung befristet ist, ist der Mietvertragspartner häufig der Arbeitgeber – zumal die Wohnung ja bereits vor Einreise der ausländischen Fachkräfte angemietet werden muss. Da die Bewilligung des Kindergeldes schon mal ein paar Monate dauert, die Fachkraft ihre mit eingereisten Kinder von ihrem Gehalt als Pflegehilfskraft aber nicht ernähren kann, strecken manche Arbeitgeber auch diesen Teil des Einkommens vor.

Grob gerechnet berichten Arbeitgeber über Gesamtkosten von 10.000 bis 11.500 Euro pro Person zusätzlich zu ihrer Vergütung als Pflegehilfskraft und gerechnet bis zum Zeitpunkt ihrer Anerkennung und Einstellung als vollwertige Fachkraft. Eingerechnet sind unter anderem die Anwerbung, Anpassungsqualifizierung, Einarbeitung und

Integration. Die Ausgaben pro Kopf sinken, je mehr ausländische Mitarbeiter Sie einstellen, da bestimmte Ausgaben wie die Personalkosten für den Integrationsbeauftragten sich dann rechnerisch auf mehr Personen verteilen lassen. Als Vergleichsgröße können Sie die Kosten für einen Auszubildenden heranziehen. Diese liegen laut Kosten-Nutzen-Erhebung des Bundesinstituts für Berufsbildung (BIBB) bei rund 18.000 Euro pro Jahr (Zahlen von 2012/13, die aktualisierte Auswertung für 2017/18 ist in Arbeit).

Vergessen Sie nicht, den Kosten den Nutzen gegenüberzustellen – denn genauso wie der Azubi arbeitet die ausländische Fachkraft schließlich vom ersten Tag an in Ihrem Unternehmen. Manche Arbeitgeber berichten allerdings, dass ausländische Fachkräfte zumindest im ersten Jahr weniger Arbeitsentlastung erbrächten als die deutschen Auszubildenden. Das BIBB beziffert den Wert der produktiven Leistung eines Azubis auf rund 13.000 Euro. Damit liegen die Nettokosten für Unternehmen nur noch bei rund 5.000 Euro. Eine ähnliche Rechnung wäre für ausländische Fachkräfte aufzustellen. Wenn Sie mit ihrer Unterstützung gar neue Einrichtungen oder Stationen eröffnen, mehr Patienten behandeln oder Bewohner aufnehmen und dadurch Mehreinnahmen erzielen können, sind diese gegenzurechnen.

Wichtige Kostenfaktoren eines internationalen Recruiting-Programms

- Vermittlungsgebühren, Umlagen
- Honorare für Übersetzung der Stellenanzeigen und Infomaterialien
- Schaltung von Stellenanzeigen in ausländischen Kanälen
- Sprachkurse, Orientierungskurse, Anpassungsqualifizierungen, Prüfungen
- Beratungsgebühren für Unternehmensberatung, Rechtsanwalt o. Ä.
- Reisekosten (Einreise der Fachkräfte, teils mehrfach zu Vorstellungsgesprächen, Hospitationen, zum Dienstantritt, Reisen des Arbeitgebers ins Herkunftsland für Vorstellungsgespräche, Kooperationsgespräche, Infoveranstaltungen)
- Personalkosten für Projektleiter, Integrationsbeauftragte
- Vergütung der ausländischen Fachkraft, im ersten Jahr üblicherweise als Pflegehilfskraft

- Gebühren für Anträge (Visagebühren, Anerkennung des ausländischen Abschlusses)
- Integrations-Workshops, Kulturprogramm
- Willkommensgeschenke
- Vorleistungen für Miete, ÖPNV-Ticket, Lebensmittel, Kindergeld oder Ähnliches
- Kosten für die Produktion und Programmierung von Informationsmaterial, Webseiten, Erklärvideos
- Möbel, Wohnungsausstattung
- Arbeitszeit der Pflegedienstleitung, der Praxisanleitung, des Qualitätsmanagements, etc.
- Software oder Agenturbegleitung für professionelle Evaluation

„Die Anwerbung von Fachkräften aus dem Ausland ist nicht günstig, aber das Argument: ›Wir können uns das nicht leisten‹ zählt nicht", resümiert Jessica Hernández von der Unternehmensberatung contec. „Wenn man einmal die Kosten überschlägt, die eine vakante Fachkraftstelle verursacht – Stellenanzeigen mit monatelanger Laufzeit, Einnahmeeinbußen durch Belegungsstopp –, kommt man auf weit höhere Summen." Dennoch ist zu erwarten, dass Ihre Personalabteilung eine zusätzliche und unerwartete finanzielle Belastung in dieser Höhe nicht von heute auf morgen stemmen kann. Viele Unternehmen greifen darum auf ihren Sonderetat für „Zukunftsthemen", „Organisationsentwicklung" oder dergleichen zurück, um daraus zum Beispiel ein dreijähriges Pilotprojekt im internationalen Recruiting zu finanzieren. So bleibt genug Zeit, um belastbare Kosten-Nutzen-Rechnungen aufzustellen und die Ausgaben langfristig in den Regeletat einzuplanen. Gegebenenfalls können sie auf die Etats der profitierenden Abteilungen oder Fachbereiche aufgeteilt werden. Sobald erste Erfolge sichtbar sind, steigt die Akzeptanz der betroffenen Führungskräfte für dieses Vorgehen.

1.5.2 Finanzielle Unterstützung durch Förderprogramme

Eine Alternative ist die Beantragung von Fördermitteln für Ihr internationales Recruiting-Programm. Hierbei ist allerdings Kreativität gefragt, denn beispielsweise die Europäische Union fördert grenzübergreifende berufliche Bildung und Mobilität natürlich nicht mit dem Ziel, einzelnen vom Fachkräftemangel geplagten Arbeitgebern in Deutschland aus der Patsche zu helfen. Im Förderprogramm „Erasmus +" geht es unter anderem um interkulturelle Kompetenzen, Wissens- und Innovationstransfer, um die Zusammenarbeit verschiedener Bildungssektoren und die Internationalisierung des Hochschulbereichs in Europa. Um förderfähig zu sein, muss Ihr internationales Recruiting-Programm sich also höheren Zielen verschreiben. Klingt kompliziert, beinhaltet aber eine große Chance: Am Ende haben Sie nicht nur Ihre Personallücken gestopft, sondern von anderen Ländern gelernt, ein internationales Netzwerk aufgebaut, Ihr Unternehmen in größere Zusammenhänge eingebettet und wirklich zukunftsfähig gemacht.

Finanzielle Unterstützung für internationale Recruiting-Programme

- MobiPro-EU (thejobofmylife.de): Das Bundesarbeitsministerium fördert ausbildungsvorbereitende und ausbildungsbegleitende Maßnahmen, die junge EU-Bürger in die Lage versetzen, in Deutschland eine betriebliche Berufsausbildung, zum Beispiel in der Altenpflege, erfolgreich abzuschließen.

- Robert-Bosch Stiftung (bosch-stiftung.de): Förderprogramme z. B. zur Qualifizierung in den Gesundheitsberufen

- Erasmus+ Mobilitätsprogramm der EU (erasmusplus.de): Förderprogramme z. B. für Aus- und Weiterbildungsaufenthalte im Ausland von bis zu zwölf Monaten

- Europäischer Sozialfonds für Deutschland (esf.de): Förderprogramme z. B. zur Unterstützung von kleinen und mittleren Unternehmen bei der Integration von ausländischen Fachkräften

- Gründung eines Fördervereins

Wenn Sie auf Fördermittel oder Projektfinanzierung setzen, vergessen Sie nicht, rechtzeitig für die Zeit danach zu planen. Markieren Sie in Ihrem Zeitplan einen Punkt, an dem Sie beginnen wollen, Möglichkeiten zu analysieren, Argumente zu sammeln und Gespräche zu führen, damit Ihr mühsam aufgebautes Auslandsprogramm nicht aus finanziellen Gründen unvermittelt beendet werden muss.

1.6 Ein realistischer Zeitplan

Es ist nicht möglich, mit einem internationalen Recruiting-Programm akute Personalnot von heute auf morgen zu beheben. Ein realistischer Zeitplan hilft allen Beteiligten, ihre Erwartungen der Wirklichkeit anzupassen. So vermeiden Sie Frustration bei der Geschäftsführung, aber auch in der Mitarbeiterschaft und bei sich selbst als Projektleiter.

Schauen Sie sich noch einmal die Tabelle „Schritte der strategischen Einführung eines internationalen Recruiting-Programms" am Anfang des Kapitels 1 zur Konzeptionsphase an:

- Grob gerechnet dauert die Research- und Konzeptionsphase, in der Sie sich überlegen, wie Sie die Anwerbung von ausländischen Fachkräften genau angehen wollen, und verschiedene Varianten abwägen, einige Monate bis ein halbes Jahr.

- Die anschließende Vorbereitungsphase, die von der Rekrutierung der ausländischen Projektteilnehmer bis zu ihrer Einreise reicht, ein halbes bis ganzes Jahr. Gerade in der Vorbereitungsphase muss der Zeitplan nicht selten noch einmal angepasst werden, da man sich während der Konzeption alles doch etwas einfacher vorgestellt hatte.

- Im Laufe der Integrationsphase, die von der Einreise bis zur Anerkennung als vollwertige Pflegefachkraft in Deutschland reicht, vergeht ein weiteres Jahr.

- Und für die Bindungsphase – diese beginnt nach der Anerkennung als vollwertige Fachkraft und reicht bis zu dem Tag, an dem die Fachkraft die deutsche Sprache wirklich beherrscht und mit ihrer Arbeits-, Wohn- und Familiensituation sowie mit ihren Zukunftsperspektiven in Deutschland und in Ihrem Unternehmen zufrieden ist – können Sie noch einmal ein Jahr rechnen.

Insgesamt können Sie also in der Regel erst drei Jahre nach Projektstart beziehungsweise zwei Jahre nach der Einreise der ausländischen Mitarbeiter seriös beurteilen, ob die Anwerbung der ausländischen Fachkraft erfolgreich gelungen ist.

Der zweite Projektdurchlauf kann, wenn Sie mit Projektleiter und Integrationsbeauftragtem gut ausgestattet sind und auch andere Beteiligte im Unternehmen ihre Aufgaben verlässlich wahrnehmen, parallel bereits beginnen: Wenn die ersten Projektteilnehmer von der Integrations- in die Bindungsphase wechseln, kann die nächste

Gruppe in die Vorbereitungsphase eintreten. Später mit etwas mehr Erfahrung kann die Vorbereitungsphase für Gruppe drei schon beginnen, wenn Gruppe zwei in die Integrationsphase eintritt.

Betrachten Sie Ihren Zeitplan als verbindliche Basis, aber auch wiederum nicht als unantastbar. Die Diakonie Neuendettelsau berichtet zum Beispiel, dass die vorgesehene zehntätige Einarbeitungszeit für die Fachkräfte aus Vietnam viel zu kurz bemessen gewesen sei. Auch die Jahresfrist, innerhalb derer die Vietnamesen zum Vertrag als vollwertige Fachkräfte gebracht werden sollten, musste verlängert und der Prüfungstermin um drei Monate nach hinten verschoben werden. Geben Sie sich lieber etwas mehr Zeit, um einzelne Schritte wie die Einarbeitung sauber abzuschließen, als sich selbst und Ihre internationalen Neuzugänge unter Druck zu setzen. Denn das würde ein Scheitern begünstigen.

1.7 Die Evaluation von Anfang an mitdenken

Bereits in der Konzeptionsphase sollten Sie die Evaluation und mögliche Erfolgskennzahlen für Ihr internationales Recruiting-Programm mit bedenken. Bauen Sie sinnvolle Meilensteine im Zeitplan ein, zu denen Ihre Bemühungen bereits teilausgewertet und notfalls nachjustiert werden können. Die Anwerbung von ausländischen Fachkräften ist aufwendig und lohnt sich für Arbeitgeber nur, wenn Aufwand und Nutzen (auch im Vergleich zu anderen Recruiting-Methoden) auf längere Sicht betrachtet im rechten Verhältnis stehen. Es ist notwendig, Probleme offen und ehrlich zu benennen und sich ihnen zu stellen. Umgekehrt sollten Sie aber auch nicht zu schnell aufgeben, nur weil gerade in der Anfangsphase der Aufwand hoch und noch wenig Nutzen ersichtlich ist.

Ein ausreichend langer Versuchszeitraum von drei Jahren mit der Möglichkeit, Anfängerfehler auszumerzen und das Programm in einem zweiten Durchlauf zu optimieren, sollte eingeplant werden. Rufen Sie dazu alle Beteiligten, von den Teamkollegen bis zur Pflegedienstleitung und dem Integrationsbeauftragten, an einen Tisch, um nach Verbesserungsvorschlägen zu fragen. Die häufigste Antwort auf meine Frage an die Projektverantwortlichen, was sie in der zweiten Runde anders machen wollen, lautete: Bessere Deutschkenntnisse als Voraussetzung für die Projektteilnahme definieren, mindestens Niveau B2. Das bedeutet nicht, dass Interessenten mit schlechteren Sprachkenntnissen gar nicht infrage kommen, sondern dass der deutsche Arbeitgeber ihnen vor Ort qualitativ hochwertige Deutschkurse vermittelt.

Die Bertelsmann-Studie „Internationale Fachkräfterekrutierung in der deutschen Pflegebranche" berichtet von einem Projekt des Krankenhausträgers Asklepios, der mit Unterstützung des Auswärtigen Amtes und des tunesischen Gesundheitsministeriums 150 Tunesier mit Erfahrungen in der Pflege zum Krankenpfleger nach deutschem Recht ausbilden wollte. Am Ende blieben nur 25 Interessenten. „Im Projektverlauf ergaben sich zwischen potenziellen Teilnehmern und Projektverantwortlichen [...] Unstimmigkeiten über die Vertragsgestaltung, die nicht einvernehmlich gelöst werden konnten. Deswegen hat Asklepios das Projekt vorzeitig beendet", heißt es in der Studie. Massive Probleme wie diese erfordern eine frühzeitige Evaluation und Optimierung: „Mit den Kooperationspartnern wurde vereinbart, bei zukünftigen Projekten einige Kernelemente anzupassen, um die Erfolgsaussichten zu verbessern. So sollen u. a. die Anforderungen an die Qualifikation der Bewerber verändert werden." Auch bei guter Vorbereitung werden Ihnen Hindernisse nicht erspart bleiben. Betrachten Sie diese als wichtige Erfahrungswerte und schauen Sie nach vorn! Eine kontinuierliche Evaluation und Optimierung sind grundlegende Erfolgsfaktoren.

Die Agaplesion gemeinnützige AG berichtet, dass von 77 Initiativbewerbern, die eingestellt wurden, 68 länger als zwei Jahre im Unternehmen verblieben. Dies ist eine realistische Quote eines im internationalen Recruiting sehr erfahrenen Arbeitgebers. Setzen Sie sich realistische Ziele, die auf solchen Vergleichswerten anderer Projekte, die Sie sich angeschaut haben, beruhen. Unrealistisch wäre zum Beispiel die Zielsetzung, dass alle angeworbenen ausländischen Fachkräfte langfristig im Unternehmen verbleiben sollen. Die normale Fluktuationsrate Ihrer deutschen Mitarbeiter ist mindestens zu erwarten und muss dann aufgrund der zusätzlichen Herausforderungen für internationale Fachkräfte noch einmal erhöht werden. Je näher die Fluktuationsrate der internationalen Fachkräfte an die der Stammbelegschaft heranreicht, umso größer ist Ihr Erfolg. Werten Sie für Ihre Erfolgsmessung die regelmäßigen Feedbackgespräche aus: Sind die ausländischen Fachkräfte mit dem Anwerbungsprozess, mit der Einarbeitung, mit der Betreuung durch den Integrationsbeauftragten zufrieden?

Als Erfolg kann es auch gelten, wenn im zweiten Durchlauf der Zeitplan beschleunigt werden oder die Prozentzahl der bleibenden Fachkräfte erhöht werden konnte. Wenn Sie Fehler, die Sie bei Konkurrenzprojekten beobachtet haben, vermeiden konnten. Ein erfolgreicher Nebeneffekt könnte sein, dass die Mitarbeiterzufriedenheit Ihrer deutschen Mitarbeiter steigt, weil die im Rahmen des internationalen Recruiting-Programms ergriffenen Maßnahmen zur Mitarbeiterbindung nicht nur für die ausländischen, sondern auch für die deutschen Mitarbeiter gewirkt haben.

„Wer nichts investiert, kann auch nichts gewinnen"

Im Jahr 2013 haben die Kliniken Beelitz in Brandenburg in einer groß angelegten Recruiting-Aktion 80 Pflegekräfte aus Spanien, Polen, Bulgarien, Rumänien und Ungarn nach Deutschland geholt, um eine geplante Bettenerweiterung zu unterstützen. Mehr als die Hälfte der ausländischen Mitarbeiter verließen den Arbeitgeber innerhalb kürzester Zeit wieder. Vier Jahre später zieht Geschäftsführer Georg Abel Bilanz. Er betreibt immer noch internationales Recruiting – aber jetzt ganz anders. Der Erfahrungsbericht zeigt, wie ein Arbeitgeber durch sorgfältige Evaluation aus den Fehlern im ersten Durchlauf lernen kann.

Herr Abel, welche Erkenntnisse haben Sie aus Ihrer ersten großen Recruiting-Aktion mitgenommen?

In einer Mischung aus Optimismus und Naivität haben wir 2013 jede Pflegekraft akquiriert, die Interesse zeigte, bei uns zu arbeiten – auch Personen ohne Deutschkenntnisse oder mit Deutschkenntnissen lediglich auf Niveau A1. Die Personalvermittler hatten zugesagt, dass die ausländischen Pflegekräfte motiviert seien und innerhalb eines Jahres das Niveau B2 erreichen würden. Das brauchen sie, um in Brandenburg als vollwertige Pflegekraft anerkannt zu werden. Diese Erwartungen haben sich aber nicht immer erfüllt. Obwohl die Qualität ihrer praktischen Arbeit gut war, ließ die Motivation, Deutsch zu lernen, bei den Fachkräften schnell nach. Sie schafften die Prüfung nicht und wir konnten sie nur weiter als Hilfskräfte beschäftigen. Und das, obwohl sie ihren Beruf in ihrem Heimatland an der Universität erlernt hatten – daraus entstand weiterer Frust. Die Hälfte der Fachkräfte hat unser Haus nach relativ kurzer Zeit wieder verlassen. Inzwischen akquirieren wir darum nur noch internationale Mitarbeiter mit Deutschkenntnissen auf Niveau B2, auch wenn die Anerkennung noch nicht vorliegt, oder auf einem sehr guten Niveau B1, von dem aus mit wenigen Stunden an der Nachmittagsschule das Niveau B2 erreicht werden kann.

Ist die Recruiting-Aktion in Ihren Augen gescheitert?

Nein, das würde ich so nicht interpretieren. Leider haben wir das Kernziel, innerhalb eines Jahres 80 vollwertige Pflegekräfte im Haus zu haben, nicht erreicht. Aber wir haben wertvolle Erfahrungen gesammelt und die Kliniken haben sich auch gerade im interkulturellen Bereich weiterentwickelt. Ohne den zumindest vorübergehenden Einsatz der ausländischen Pflegekräfte hätten wir unsere Bettenerweiterung nicht umsetzen können. Sie haben uns geholfen, ins Fahrwasser zu kommen und schnell massiv aufzustocken. Das hätten wir auf dem deutschen Markt definitiv nicht hinbekommen.

Als Erfolg werte ich auch, dass die Fachkräfte, die unser Haus verlassen haben, nicht etwa zur Konkurrenz gegangen sind, weil sie dort bessere Arbeitsbedingungen vorgefunden und mehr verdient hätten. Eine Fachkraft ist nach Frankfurt am Main gezogen, weil ihre Cousine dort wohnte. Fünf oder sechs Fachkräfte sind nach Berlin gegangen, weil es sie in die Großstadt zog. Aber die allermeisten sind einfach in ihre Heimat zurückgekehrt. Eine polnische Pflegerin hatte ihr fünfjähriges Kind und ihren Mann zu Hause gelassen und gehofft, mit Wochenendpendeln und geschickter Schichtplanung den Spagat bewältigen zu können. Doch das Familienleben hat so nicht funktioniert. In Spanien hat sich die Arbeitsmarktsituation seit 2016 wieder verbessert. Mit dem Pluspunkt ihrer Auslandserfahrung bekommen unsere spanischen Pflegekräfte jetzt auch zu Hause gute Jobangebote. Für die ganz jungen Spanier war die Herausforderung einfach zu groß. Nicht nur, dass sie sich in einem neuen Land zurechtfinden und eine neue Sprache lernen mussten – viele verließen für die Arbeit in Deutschland überhaupt zum ersten Mal ihr Elternhaus. Manche haben sich von den Reizen der Hauptstadt vor der Tür ködern lassen und sind direkt vom Partywochenende in Berlin zur Frühschicht erschienen. Sie hatten uns ihre Motivation nicht ehrlich beschrieben. Insgesamt sind das alles Gründe, auf die wir nur schwer bis gar keinen Einfluss haben.

Und nun wissen Sie besser, nach welchem Typ Fachkraft Sie suchen müssen?

Ja, genau. Nach der großen Akquise-Welle in 2013 sind in den vergangenen anderthalb Jahren noch etwa 15 neue ausländische Pflegekräfte dazugekommen. Wir rekrutieren also immer noch im Ausland, aber bei Weitem nicht mehr in der Dimension. Das liegt einerseits daran, dass der Bedarf nicht mehr ganz so groß ist, andererseits aber auch daran, dass wir aus unseren Fehlern gelernt haben. Wir haben eine spezielle Patientenklientel, die besonders pflegeintensiv ist. Es gibt gerade in Osteuropa Fachkräfte mit guten Deutschkenntnissen, die besonders gut zu unserer Klientel passen. Einige von ihnen sind inzwischen seit drei oder vier Jahren hier, haben ein Haus gebaut, die Familie nachgeholt. Wenn man bei der Rekrutierung sorgfältig solche Personen auswählt, sind die Erfolgschancen besser.

Auch unseren Standort in Beelitz in der Nähe von Potsdam und Berlin sehe ich inzwischen eher positiv als negativ. Die Städte sind keine Konkurrenz, sondern ein Standortvorteil. In den ländlichen Regionen von Brandenburg oder in Mecklenburg-Vorpommern ist die Personalgewinnung noch schwieriger. Für unsere Belegschaft ist es inzwischen normal geworden, dass gelegentlich eine neue Fachkraft aus dem Ausland dazustößt. Unsere Teams können damit sehr gut umgehen. Während der großen Recruiting-Welle 2013, als fünf, sechs ausländische Pflegekräfte auf jeder Station eingearbeitet werden mussten, haben wir unsere deutschen Mitarbeiter durchaus an ihre Grenzen gebracht. Auch deshalb haben wir das Ganze reduziert.

Wieviel Prozent Ihrer Personalgewinnungsmaßnahmen macht das internationale Recruiting aus?

Zwanzig Prozent, aber ich sehe die Zukunft nicht allein in der internationalen Rekrutierung. Es ist aktuell eine gefährliche Entwicklung, wenn Pflegeunternehmen allein darauf setzen. Eine andere Kernsäule ist die Ausarbeitung unserer Arbeitgebermarke, die wir sehr intensiv betreiben, auch über unseren Facebook-Kanal. Das primäre Ziel ist es, deutsche Arbeitnehmer aus der Region anzulocken und junge Menschen für den Pflegeberuf zu interessieren und für die Ausbildung zu gewinnen. Wir betreiben eine Krankenpflegeschule für 70 Auszubildende, was für den ländlichen Raum sehr viel ist. Eine weitere Säule ist die Mitarbeiterbindung. Wir investieren viel Zeit, um unseren Mitarbeitern vor Augen zu führen, dass bei uns „nicht alles Mist ist" – in der Pflege werden ja häufig die Arbeitsbedingungen kritisiert. Aber wir haben Dinge, die nicht selbstverständlich sind und nicht jeder Arbeitgeber vorweisen kann: ein betriebliches Gesundheitsmanagement, wir gewähren vom ersten Tag an 30 Tage Urlaub im Jahr – das ist in anderen stationären Altenhilfeeinrichtungen oder ambulanten Pflegediensten nicht die Regel. Unsere Mitarbeiter bekommen über die Ticket Plus-Karte steuerfreie Leistungen, es gibt Betriebsfeste und Trinkwasserautomaten. Dazu investieren wir stark in die Fort- und Weiterbildung unserer Mitarbeiter. Mit unserem Betriebsrat gibt es eine strikte Vereinbarung, dass der Dienstplan acht Wochen im Voraus mitgeteilt wird und Überstunden zweimal im Jahr ausgezahlt werden. Auch gibt es eine feste Obergrenze für Überstunden. Wenn ich in der Zeitung lese, dass in den großen Kliniken in Berlin Mitarbeiter bis zu 200 Überstunden vor sich herschieben, kann ich sagen: Das wäre bei uns nicht möglich!

Die Akquise ausländischer Fachkräfte läuft bei Ihnen ausschließlich über Personalvermittler. Wie wählen Sie diese aus?

Wir arbeiten mit Personalvermittlern zusammen, die neben der Akquise auch die Reiseorganisation, die Wohnungssuche, den Möbelkauf, die Anmeldung bei der Krankenkasse und vieles mehr für die Pflegekräfte übernehmen. Reine Vermittler lehne ich ab. Wir vereinbaren einen finanziellen Anreiz über zwölf bis 24 Monate, die Vermittlungsgebühr wird also nach und nach ausgezahlt – mindestens die Hälfte erst nach der Probezeit. Denn die Betreuung und Integration der Fachkräfte ist ein wichtiger Punkt. Bei unserer ersten großen Recruiting-Welle hatten wir für zwei Jahre befristet eine „Kümmerin" für die ausländischen Fachkräfte eingestellt, doch das wurde ausgenutzt, die Fachkräfte wurden nicht selbstständig. Dieses Thema haben wir jetzt ausgelagert.

Ob eine Personalvermittlung gut oder schlecht ist, dafür gibt es keine Kennzahl. Wir haben mit großen Firmen gearbeitet, aber auch mit Ein-Mann-Agenturen. Mit ein wenig Menschenkenntnis erkennt man im Gespräch schnell, ob ein ordentliches Vermittlungskonzept hinter einem Angebot steckt oder alles ein Luftschloss ist. Wenn die Unterlagen der Agentur nur so vor Marketing-Sprech und Hochglanz-Präsentationen strotzen, steckt meist nichts dahinter.

Stellen Sie Fragen wie: „Wer sind Ihre Leute vor Ort?" Die Recruiter sollten eine Verbindung zu dem Land haben, zum Beispiel selbst dort geboren sein. Dann kann ich davon ausgehen, dass sie dort auch ein Netzwerk haben, auf das sie zurückgreifen können. Ich frage auch nach Referenzprojekten und nach Beispiel-Lebensläufen von Pflegekräften, die bereits nach Deutschland vermittelt wurden. Ich frage: „Wenn ich Sie morgen beauftrage, was passiert dann in den nächsten sechs Monaten?" Darauf sollte eine klare Antwort kommen. Wenn jemand vage bleibt und Projekte erst „gemeinsam entwickeln" will, sage ich, er möchte seine Pilotphase lieber mit einem anderen Partner durchführen und sich danach wieder bei mir melden. Einen Partner findet er sicherlich – viele Kliniken sind ja inzwischen schon bis zu den Philippinen unterwegs, um Pflegekräfte zu rekrutieren.

Sie sind 35 Jahre alt, ein junger Geschäftsführer, ist das mit ein Grund dafür, dass Ihr Unternehmen Pionierarbeit im internationalen Recruiting leistet?

Ich will nicht behaupten, dass ältere Geschäftsführer nicht mutig und innovativ wären, aber eine ordentliche Portion jugendlicher Elan tut dem internationalen Recruiting definitiv gut. Ich selbst bin Ende 2012 Geschäftsführer geworden, da landete das Thema Fachkräftemangel sofort auf meinem Schreibtisch. Gleichzeitig gab es einen Generationenwechsel in der Pflegedirektion. Gemeinsam sind wir das Projekt angegangen – es herrschte eine Aufbruchstimmung wie bei den Pfadfindern! In den ersten Monaten habe ich Tag und Nacht für diese Aktion gearbeitet. Dazu kommt, dass wir ein familiengeführtes Unternehmen mit schnellen Entscheidungswegen sind. Junge Chefs bringen vielleicht etwas mehr Mut mit, aber sie brauchen auch Freiheiten beziehungsweise Unterstützung und Vertrauen. Ein Projekt in dieser Finanzdimension kann ich auch nicht alleine entscheiden, sondern musste unsere Eigentümerin davon überzeugen.

Wir bekamen damals ohnehin zwei bis drei Mails pro Tag von Personalvermittlern und haben verschiedene eingeladen, um uns ein Bild davon zu machen, wie sie ticken. Die Pflegedirektorin und ich sind selbst nach Spanien geflogen, haben in Hotelkonferenzräumen pro Tag zwanzig Vorstellungsgespräche hintereinander weg geführt. Die unbefristeten Verträge für die Interessenten hatten wir gleich dabei. Es war beeindruckend, zu sehen, wie gerührt die Menschen darauf reagierten, die lange arbeitslos gewesen waren oder sich von einem Zwei-Wochen-Vertrag zum nächsten gehangelt hatten.

Was ist in Ihren Augen das größte Hindernis für ein gelingendes internationales Recruiting-Programm?

Einige schwarze Schafe in der Branche haben dafür gesorgt, dass das Thema im Ausland oft negativ besetzt ist. Sie haben ihre ausländischen Mitarbeiter mit Knebelverträgen gebunden, in Besenkammern schlafen lassen und mit einem Praktikantengehalt abgespeist. In der Folge haben auch wir dann negative Presse bekommen, nur weil wir eine Weiterbildungsvereinbarung mit den Pflegekräften geschlossen hatten, in der eine Bindungsklausel regelt, dass sie einige Zeit bei uns bleiben oder das Geld, das wir in sie gesteckt haben, anteilig zurückzahlen müssen. Das ist aber kein Knebelvertrag. Weiterbildungsvereinbarungen sind auch für deutsche Mitarbeiter völlig übliche Praxis, da wollten wir alle gleich behandeln. Dafür, dass wir von Anfang an ein gutes Gehalt gezahlt und die Pflegekräfte für den Deutschunterricht freigestellt haben, hat sich von der Presse dann aber keiner mehr interessiert. Aufgrund der schwarzen Schafe hat die Euphorie aber unter den ausländischen Pflegekräften für Deutschland sehr abgenommen. Man ist vorsichtiger geworden.

Haben Sie noch letzte Tipps für Pflegeeinrichtungen, die das internationale Recruiting wagen wollen?

Setzen Sie sich ernsthaft mit dem Thema auseinander, anstatt die oberflächlichen Berichte zu glauben, die in der Presse stehen! Dort wird oft erst überschwänglich berichtet „Pflegekräfte aus XY angekommen", es gibt Blumen und ein tolles Foto. Dass hinter den Kulissen nicht alles reibungslos läuft, erfährt niemand in der Öffentlichkeit. Erst am Ende wird dann berichtet, dass alles schiefgegangen sei, besagte Knebelverträge und Abbruchquoten werden zitiert. Die Wahrheit liegt wie immer in der Mitte.

Mein Rat ist sowieso, nicht alles an die große Glocke zu hängen. Ich muss schmunzeln, wenn ich in einer Pressemeldung lese, dass ein Pflegeheim in den kommenden Wochen sechs Italiener zu sich holen will, wenn bei mir an einem einzigen Tag 25 Spanier angefangen haben. Wir haben mit solchen Meldungen gewartet, bis das Projekt sich einigermaßen etabliert hatte. Presseberichte können die Bestandskollegschaft, für die kein roter Teppich ausgerollt wurde, auch verärgern.

Ein weiterer Tipp: Rechnen Sie mit Hindernissen, haben Sie realistische Erwartungen, verlieren Sie nicht den Mut und lernen Sie aus Ihren Fehlern! Egal wie gut das Projekt vorbereitet ist, es wird Rückschläge geben. Setzen Sie mindestens die Fluktuationsquote, die Sie unter deutschen Mitarbeitern haben, an, und erhöhen um einige Prozentpunkte. Wenn der Vater einer Pflegekraft schwer erkrankt und sie daher in die Heimat zurückkehrt, ist das keine Niederlage, sondern ein ganz normales Ereignis, das nun einmal passieren kann. Wenn Sie dann gleich sagen: „Ich hab's ja gewusst, dass es nicht funktioniert", brauchen Sie gar nicht erst anzufangen. Wer nichts investiert, kann auch nichts gewinnen.

2. Die Umsetzung: Jetzt geht's los!

Sie wissen nun, was Sie wollen, das Management steht hinter Ihnen und es wird ernst. Von der Konzeptionsphase treten Sie in die Vorbereitungsphase ein – wobei die Grenzen fließend sind. Die im Folgenden beschriebenen Schritte haben Sie zum Teil sicher schon während der Konzeptionsphase begonnen, einer ergibt sich aus dem anderen. Die Einteilung der Projektphasen ist darum nicht als starres Gerüst gedacht, an das Sie sich sklavisch halten müssen. Vielmehr handelt es sich um Anhaltspunkte, die Ihnen dabei helfen sollen, den Projektfortschritt einzuschätzen. Um den Versuch, die Komplexität eines internationalen Recruiting-Programms durch ein übersichtliches Modell leichter erfassbar zu machen.

2.1 Stellenanforderungsprofil und Stellenanzeige verfassen

2.1.1 Vorher überlegen: Wen suche ich?

Wenn Sie eine Stelle ausschreiben möchten, benötigen Sie zuerst ein Stellenanforderungsprofil. Das gilt für internationale Ausschreibungen genauso wie für solche in Deutschland. Mit dem Unterschied, dass Sie für das internationale Suchprofil nur dann einen konkreten Berufsabschluss als Voraussetzung nennen können, wenn Sie sich bereits sehr genau mit dem Ausbildungssystem im Herkunftsland auseinandergesetzt haben. Ist das nicht der Fall, beschreiben Sie im Anforderungsprofil Kompetenzen, die Ihnen bei der Auswahl der Projektteilnehmer wichtig sind. Auf welche konkreten Pflegeaufgaben sollen sie fachlich vorbereitet sein? Welches fachliche Wissen sollen sie mitbringen? Ihr noch auszuwählender Kooperations- oder Beratungspartner wird Ihnen dabei helfen, diese Anforderungen in konkrete, zum Herkunftsland passende Berufsqualifikationen zu übersetzen. Teils entwickelt er das Anforderungsprofil auch mit Ihnen gemeinsam.

Ein weiterer Unterschied zu Anforderungsprofilen für den deutschen Bewerbermarkt ist, dass die internationalen Fachkräfte zusätzliche Kompetenzen wie Sprachkenntnisse, interkulturelle Kompetenzen und andere Eigenschaften der persönlichen Eignung mitbringen sollten. Auch diese sollten im Stellenanforderungsprofil festgehalten werden – und zwar möglichst konkret. „Interkulturelle Kompetenzen" ist ein allzu umfassendes Schlagwort, welches wenig hilft. Was meinen Sie damit genau? Soll der Bewerber schon einmal im Ausland gewesen sein? Soll er schon einmal in einem Multi-Kulti-Team gearbeitet haben? Oder reicht Ihnen das Versprechen, dass er bereit ist, sich auf eine andere Kultur einzulassen? Das wird Ihnen natürlich jeder geben, der sich einen Arbeitsvertrag bei Ihnen erhofft. Die Überprüfung konkreter Vorerfahrungen im interkulturellen Bereich kann dagegen helfen, besonders vielversprechende Bewerber zu identifizieren.

2.1.2 Was bei der Stellenanzeige zu beachten ist

Das Stellenanforderungsprofil bildet die Grundlage für die Stellenanzeige. Wenn Sie in mehreren Ländern suchen, müssen das Anforderungsprofil und die Anzeige jeweils angepasst und mindestens ins Englische und in die Sprache des Ziellandes übersetzt werden. Vergessen Sie nicht, die Honorarkosten für den Übersetzer im Kostenplan vorzusehen! Neben den Anforderungen und Voraussetzungen enthält die Stellenanzeige auch Hinweise auf Ihre Alleinstellungsmerkmale und Arbeitgebervorteile im Sinne des Employer Brandings. Vergessen Sie nicht, dass auch andere Arbeitgeber aus wirtschaftlich gut situierten Ländern im Ausland unterwegs sind, um Fachkräfte anzuwerben.

Es reicht also nicht, in der Stellenanzeige zu formulieren, was Sie suchen, sondern Sie sollten auch anschaulich vermitteln können, was Sie bieten. Wenn Sie in verschiedenen Herkunftsländern rekrutieren, sind es unterschiedliche Argumente, die bei der jeweiligen Bevölkerung besonders gut ziehen. Es ist also ratsam, nicht einfach den entsprechenden Absatz aus Ihren deutschen Stellenanzeigen zu übernehmen, sondern die Stellenanzeige dem jeweiligen Kulturkreis anzupassen (mehr dazu im Kapitel 2.2 „Das Marketing").

Nicht zuletzt sollten Sie in der Stellenanzeige angeben, welche Bewerbungsunterlagen Sie benötigen, wie der Lebenslauf oder das Bewerbungsfoto aussehen soll. Im Ausland sind diesbezüglich andere Standards üblich als hier in Deutschland. Überlegen Sie, ob Sie sich den Gewohnheiten im Herkunftsland anpassen können, um es den ausländischen Fachkräften leichter zu machen. Benötigen Sie wirklich ein Motivationsschreiben oder ist nicht der persönliche Eindruck viel wichtiger? Wollen Sie allen Ernstes einen Bewerber aussortieren, nur weil er sich kein professionelles Bewerbungsfoto-Shooting leisten kann und stattdessen ein Selfie schickt? Muss die Bewerbung auf Deutsch verfasst werden oder wäre Englisch auch okay?

Diakonie Neuendettelsau es uno de los mayores suministradores de servicios socio-sanitarios en Alemania. Nuestros valores principales, cristiandad, profesionalidad y rentabilidad, son la base de nuestro éxito. Tenemos a más de 7.200 empleados trabajando en distintos sectores, como por ejemplo ayuda a personas con discapacidad, entorno hospitalario, ayuda a la tercera edad y escuelas, en 190 instalaciones estacionarias y ambulantes.

Mas informacion:

http://www.youtube.com/watch?v=5zokWXkTPAU&feature=youtu.be

Actualmente, para la incorporación inmediata a nuestros equipos, buscamos:

Auxiliares en los cuidados (f/m)

Cuidador para la tercera edad (f/m)

Cuidador de salud y enfermeria (f/m)

<u>Deseamos:</u>

∞ Experiencia en lengua alemana, preferentemente con el nivel lingüístico B2
∞ Personas que tengan el deseo te contiunar su carrera profesional en Alemania
∞ Educación terminada como auxiliar (f/m) o con diploma en el área de Cuidados o de Enfermeria
∞ Empatía y capacidad
∞ Motivacion en desarrollar y vivir el mandato diaconico

<u>Ofrecemos:</u>

∞ Apoyo activo en la integración en la nueva residencia
∞ Apoyo para encontrar un piso para vivir
∞ Ayuda para la tramitación del reconocimiento del la profesión en Alemania
∞ Posibilidades de formación continua, tanto profesional y lingüística

∞ Remuneración y prestaciones sociales según el estatuto de los trabajadores de la obra diacónica en Bavaria

∞ Plan de pensiones de capitalización y seguro especial

Envío de la solicitud: Recibiremos encantados la documentación de su solicitud (como máximo 5 MB) bajo la indicación de la cita de entrada más reciente exclusivamente por E-Mail a:

eu@diakonieneuendettelsau.de

Ev.-Luth. Diakoniewerk Neuendettelsau K.d.ö.R.

Wilhelm-Löhe Str. 16

D-91564 Neuendettelsau

Tel. 0049-9874-82330

Fax 0049-9874-82332

ww.diakonieneuendettelsau.de

Abbildung 1: Eine internationale Stellenanzeige der Diakonie Neuendettelsau, © Diakonie Neuendettelsau

Selbst wenn der Bewerber deutsche Sprachkenntnisse mitbringen soll und Sie sie auf diesem Wege prüfen möchten, reicht das Niveau B2 noch nicht für einen fehlerfreien, fachlich korrekten Lebenslauf und ein ebensolches Motivationsschreiben. Dadurch ist die Gefahr groß, dass Sie den Bewerber als nicht geeignet einstufen oder für inkompetent halten. Matthias Schneider schlägt im Leitfaden „Nachhaltige internationale Personalgewinnung" vor, lieber „nochmal einen zweiten Blick in die Unterlagen zu werfen, um nicht voreilig falsche Schlüsse hinsichtlich der Motivation der Bewerber zu ziehen". Sprachlich oder formal fehlerhafte Bewerbungsmappen sollten nicht dazu führen, dass Sie den Bewerber aussortieren. Denn sie bedeuten nicht, dass er unmotiviert, verantwortungslos oder ungebildet wäre. Der Hinweis mag überflüssig erscheinen, doch Projektleiter berichteten mir mehrfach, dass deutsche Führungskräfte ausländische Fachkräfte für untauglich hielten, nur weil sie sich in fehlerhaftem Deutsch bewerben oder sich im Vorstellungsgespräch wegen der Sprachbarriere schüchtern und zurückhaltend verhalten.

2.2 Das Marketing: Warum ausländische Fachkräfte von Deutschland erst überzeugt werden müssen

Das größte Rätsel zum internationalen Recruiting im Sozial- und Gesundheitswesen, auf das ich während der Recherchen für dieses Buchprojekt gestoßen bin: Warum wird eigentlich so wenig bis gar kein Marketing dafür gemacht? Die meisten Arbeitgeber beschränken sich darauf, ihre oben beschriebene Stellenanzeige in ausländischen Jobbörsen zu schalten oder durch Personalvermittler in ausländischen Kanälen verbreiten zu lassen. „Wir haben eine Broschüre in verschiedenen Sprachen und eine kurze Unternehmenspräsentation, die unsere Personalvermittler nutzen können, mehr nicht. Ich glaube nicht, dass ausländische Fachkräfte selbst recherchieren oder aktiv werden", sagt Georg Abel von den Kliniken Beelitz.

Aber selbst wenn der Erstkontakt über die Agentur oder die Stellenanzeige läuft – warum sollte es den ausländischen Pflegekräften so völlig egal sein, wohin es sie verschlägt? Deutsche Bewerber schauen doch auch zuerst auf die Webseite eines Unternehmens, bevor sie ihre Bewerbung abschicken! Trotz Social Media, Karrierenetzwerken und Arbeitgeberbewertungsportalen bleibt sie die Hauptinformationsquelle und Entscheidungsgrundlage für oder gegen einen Arbeitgeberwechsel. Laut der Social Media Personalmarketing Studie 2016 sind die meistgenutzten Kanäle, über die sich deutsche Bewerber über Arbeitgeber informieren Karrierewebseiten (90 Prozent), Jobbörsen (71 Prozent) und Mitarbeiter des Unternehmens (45 Prozent). Danach folgen Karrierenetzwerke wie XING und LinkedIn sowie Facebook.

Fachkräfte aus dem Ausland haben einen noch viel höheren Informationsbedarf. Sie wechseln schließlich nicht nur ihren Arbeitgeber, sondern stellen ihr ganzes Leben auf den Kopf. Und sie ergreifen angesichts ihrer aussichtslosen Situation im Heimatland durchaus auch selbst die Initiative und informieren sich über Möglichkeiten, anderswo ein besseres Leben für sich und ihre Familie aufzubauen.

Die Einschätzung, dass für das internationale Recruiting Online-Informationskanäle und Personalmarketing-Maßnahmen wichtig sind und man sich als Arbeitgeber nicht nur auf die Personalagenturen verlassen kann, unterstreichen Erfahrungen, die andere Arbeitgeber im Gegensatz zu den Kliniken Beelitz gemacht haben. So sagt Katalin Bordi von der Agaplesion gemeinnützigen AG: „Aktuell sind Initiativbewerbungen die Hauptquelle für unser internationales Recruiting – seit 2015 kommen sie immer häufiger aus Drittstaaten, insbesondere aus dem Westbalkan, nicht nur von Pflegekräften, sondern auch von Ärzten oder Verwaltungsmitarbeitern."

2.2.1 Informationsseiten auf der Homepage zur Förderung von Initiativbewerbungen

Laut der Bertelsmann-Studie greifen 61 Prozent der Unternehmen, die Erfahrungen mit dem internationalen Recruiting haben, auf Initiativbewerbungen zurück. Woher sonst, wenn nicht aus dem Internet, sollten diese Initiativbewerber ihre Informationen haben?

Jasmin Besic vom Institute for Youth Development KULT berichtet vom Balkan: „Die meisten Auswanderer, über 50 Prozent, organisieren sich selbst eine Arbeit im Ausland, die wenigsten suchen eine Arbeitsvermittlungsagentur auf – diese sind in Bosnien wenig präsent und werden skeptisch gesehen." Die weiter oben beschriebene Kooperation der Diakonie Neuendettelsau mit der deutschen Schule in Vietnam kam zustande, weil der Gründer der Schule Informationen zur Anpassungsqualifizierung für ausländische Fachkräfte im Internet gefunden hatte.

Als Karriereberaterin bei der Diakonie Deutschland erreichen mich über WhatsApp und Facebook regelmäßig Anfragen von Bewerbern aus dem Ausland, weshalb wir in unserem Karriereportal eine Informationsseite für sie eingerichtet haben: http://bit.ly/2AkTuul. Diese besteht aus einer Liste mit Antworten auf häufige Fragen (FAQs) in englischer Sprache sowie Erfolgsgeschichten von ausländischen Fachkräften als „Mutmacher". Die Übersetzung der Seite in weitere Sprachen sowie ein Film sind in Vorbereitung. Bei den FAQs haben wir darauf verzichtet, die komplexen rechtlichen Regelungen in aller Ausführlichkeit darzustellen. Das machen die Bundesregierung beziehungsweise die Bundesagentur für Arbeit in ihren Portalen viel besser, und wir verweisen auf diese Informationsquellen. Vielmehr haben wir uns darauf konzentriert, die Besonderheiten der Bewerbung bei der Diakonie zu erläutern. Zum Beispiel, dass es nichts bringt, wenn sich internationale Interessenten bei unserem Bundesverband melden, da wir hier keine Stellen für Pflegekräfte vergeben, sondern Lobbyarbeit machen. Stattdessen sollen sie sich

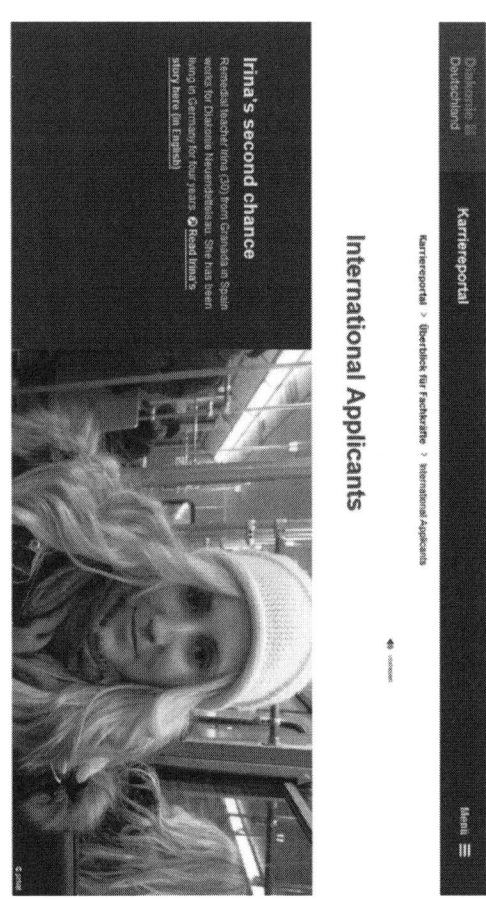

Abbildung 2: Screenshot der Landing Page für internationale Fachkräfte im Karriereportal der Diakonie Deutschland

direkt bei unseren Einrichtungen melden. Auch können wir ihnen nicht helfen, wenn sie eine vage E-Mail schreiben: „I come from country X and want to work in Germany". Wir fordern sie stattdessen auf, sich auf eine konkrete vakante Stelle oder einen Ausbildungsplatz in einer unserer Einrichtungen zu bewerben.

Der Agaplesion Gesundheitskonzern bietet eine Informationsseite für ausländische Fachkräfte in deutscher Sprache an: http://bit.ly/2iq9zM7. Darauf verweist er auf seine langjährige Erfahrung mit der Integration

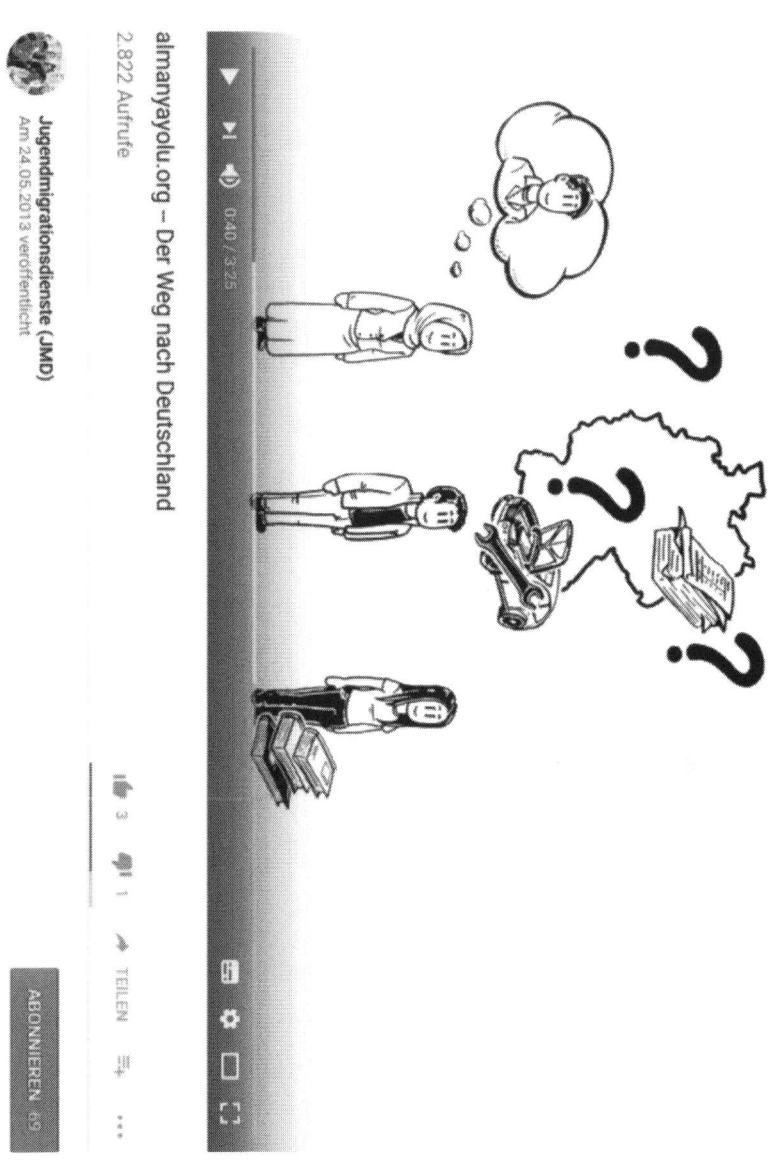

Abbildung 3: Erklärvideo der Jugendmigrationsdienste (JMD)

von Fachkräften aus dem Ausland und nennt eine Ansprechpartnerin. Eine stichwortartige Beschreibung des strukturierten Integrationskonzeptes macht Mut, sich zu bewerben. Die Liste umfasst „Hospitationsmöglichkeiten zum Kennenlernen unserer Einrichtung, Erstattung der Anreisekosten, kostenlose Deutschkurse, Unterstützung bei der Wohnungssuche, Begleitung bei Behördengängen, Fort- und Weiterbildungsmöglichkeiten, intensive Betreuung durch Mentoren, Unterstützung beim Nachzug der Familienangehörigen." Die Informationsseite ist ausbaufähig, aber ein guter Anfang.

Ein Vorbild aus einem anderen Bereich für eine lebendigere, multimediale Aufbereitung könnte der Erklärfilm im Strichmännchen-Stil der Jugendmigrationsdienste für almanyayolu.org sein, eine virtuelle Beratungsstelle für junge Menschen aus der Türkei, die nach Deutschland zuwandern möchten: http://bit.ly/2kmvTa4.

2.2.2 Ressentiments gegen Personalmarketingmaßnahmen

Auf meine Frage, warum es in Deutschland so wenige Personalmarketingmaßnahmen dieser Art für die Zielgruppe ausländische Fachkräfte gibt, bekam ich eher zurückhaltende Antworten. Georg Abel von den Kliniken Beelitz befürchtet zum Beispiel, dass sein Team einen Ansturm an Direktanfragen oder Initiativbewerbungen aus dem Ausland nicht bewältigen könnte, daher könne man keine Werbung machen und keine Kontaktnummer herausgeben. Doch die Argumentationslogik hinkt ein wenig: Wir wünschen uns mehr Fachkräfte, aber wenn sie sich von selbst melden, sind wir überfordert? Sie müssen auf der Webseite ja nicht unbedingt eine Kontaktperson aus Ihrer Personalabteilung angeben, sondern können mit der Personalagentur oder Organisationsberatung, mit der Sie zusammenarbeiten, vereinbaren, dass Initiativbewerber dorthin verwiesen werden.

Der Hauptgrund, aus dem deutsche Arbeitgeber auf Werbemaßnahmen zum internationalen Recruiting verzichten, ist aber auch eher ein anderer: Man möchte das Ganze nicht an die große Glocke hängen. Man möchte nicht, dass die Presse aufmerksam wird und kritisch berichterstattet. Man möchte nicht, dass in der Stammbelegschaft, unter Patienten oder Angehörigen der Aufstand ausbricht. Doch wie ich schon betont habe: Erfolgreiches internationales Recruiting funktioniert nicht heimlich. Es wird so oder so eine große Welle der Veränderung in Ihrer Pflegeeinrichtung verursachen und sicher auch einige Kritiker auf den Plan rufen. Das lässt sich nicht verhindern.

Sie können also genauso gut Marketing dafür machen und von An-fang an dafür sorgen, dass keine Gerüchte und Vorurteile entstehen, sondern die richtigen Informationen gestreut werden.

Dazu kommt, dass sich schlechte Erfahrungen schnell verbreiten. Wenn eine internationale Fachkraft bei Ihnen unzufrieden ist, wird sie das per Facebook, WhatsApp, Kununu oder Skype verbreiten und in die Heimat weitererzählen. Wenn Sie das überhaupt mitbekom-men und dann erst damit beginnen, Schadensbegrenzung zu betrei-ben und mit Personalmarketing-Maßnahmen gegenzusteuern, ist es zu spät. Oder jedenfalls sehr mühsam, den schlechten Ruf wieder auszubügeln.

Marketing-Maßnahmen für Ihr internationales Recruiting-Programm

- Webseite mit Informationen für ausländische Fachkräfte mindestens auf Englisch, gerne auch in weiteren Sprachen
- Liste mit häufigen Fragen und Antworten (FAQs), auf die Sie bei An-fragen von Initiativbewerbern verweisen können
- Erfolgsgeschichten: Videos und Textportraits über ausländische Mit-arbeiter, die es geschafft haben, sich in Deutschland und in Ihrem Unternehmen ein neues Leben aufzubauen
- Ihr bereits vorhandener Employer Branding- oder Imagefilm mit eng-lischen Untertiteln
- Checklisten zum Download („Was ich vor der Ausreise erledigen muss", „Worum ich mich nach der Einreise in Deutschland kümmern muss")
- Flyer in unterschiedlichen Sprachen zum Download oder zum Ver-teilen durch die Personalvermittlung
- Kontaktkanäle für Rückfragen (WhatsApp, Facebook, Telefon, Skype)
- Vereinfachtes Onlinebewerbungsformular auf Englisch speziell für ausländische Fachkräfte
- Unternehmensprofile in ausländischen sozialen Netzwerken, Kleinan-zeigenportalen oder Karrierenetzwerken wie goldenline.pl (polnisches Karrierenetzwerk) oder viadeo.com (französisches Karrierenetzwerk)
- Anzeigen und Advertorials in ausländischen Zeitungen, Hörfunk- und Fernsehsendern, in ausländischen Kleinanzeigenportalen oder Fach-portalen

2.2.3 Argumente für Marketing-Maßnahmen

Wie wir weiter oben schon gehört haben, ist die Motivation ausländischer Fachkräfte, nach Deutschland zu kommen, meist nicht besonders hoch. Ihre Hoffnung auf ein Wunder, das ein gutes Leben im Herkunftsland doch noch möglich machen würde, ist weitaus größer als die Freude über den Arbeitsvertrag in Deutschland. Sie verabschieden sich schweren Herzens.

Zwar weckt die Bundesrepublik mit ihrem wirtschaftlichen Wohlstand als Lebensort Interesse, sie ist jedoch keinesfalls der Topfavorit auf der Liste möglicher Zielländer. Laut dem Strategiepapier „Arbeitsmigration und Pflege" der Diakonie Deutschland hat sich unter Pflegekräften aus dem Ausland herumgesprochen, dass die Arbeitsbelastung hierzulande vergleichsweise hoch ist. „Die quantitative Relation von Patienten und Pflegenden im Krankenhaus wird im internationalen Vergleich als problematisch erlebt", heißt es dort. „In Deutschland betreut eine Pflegeperson im Durchschnitt 10,3 Patienten, während es in Belgien 7,8, in der Schweiz 5,5 und in den Niederlanden 4,9 Patienten sind." Natürlich könnte man annehmen, dass 10,3 Patienten in den Augen einer Pflegekraft aus einem Land wie Rumänien, wo sie laut Levente Gyulai, Experte für EU-geförderte Projekte am Wirtschafts- und sozialwissenschaftlichen Ausbildungsinstitut IFES, 30 bis 50 Patienten gewohnt ist, nach einer deutlichen Erleichterung klingen müssen. Doch es verhält sich genau andersherum: Wer jahrelang am Rande seiner Kräfte 50 Patienten betreut hat, ist sehr sensibel für solche Zahlen und orientiert sich dorthin, wo er die größtmögliche Verbesserung erwartet.

Dazu kommt, dass die im Ausland bereits fertig ausgebildeten Fachkräfte, die meist einen Bachelor Pflege mitbringen, nicht verstehen, warum sie eine Anpassungsqualifizierung oder dreijährige Pflegeausbildung in Deutschland absolvieren sollten, nur um danach eine niedrigere Qualifikation zu erreichen, als sie zu Hause schon längst erreicht haben oder erreichen könnten. Warum sie in ihren Augen minderwertige Aufgaben wie die Grundpflege übernehmen sollen.

Nehmen wir dann die deutsche Sprache hinzu, die im Ruf steht, besonders schwer zu erlernen zu sein, haben die internationalen Arbeitskräfte noch einen Grund, lieber in ein anderes, zum Beispiel englischsprachiges Land zu gehen. Das deutsche Wetter schlägt besonders Menschen aus südlicheren Ländern schwer aufs Gemüt. Außerdem sind die Deutschen für ihre hohen Ansprüche bekannt.

Pünktlichkeit und Zuverlässigkeit werden erwartet, die Ausbildungsstandards sind hoch, bei Sprach- oder Kenntnisprüfungen drückt niemand ein Auge zu. Das führt dazu, dass ausländische Fachkräfte befürchten: „In Deutschland schaffe ich es sowieso nicht".

Wenn Sie internationale Fachkräfte für sich gewinnen möchten, müssen Sie ihnen also im Rahmen von Personalmarketingmaßnahmen erstens Deutschland schmackhaft machen und zweitens ganz konkret beschreiben, welche Art von Unterstützung und Vorteilen Sie ihnen bieten.

Setzen Sie bei den genannten Klischees, Vorurteilen und leider auch Wahrheiten an. Bieten Sie Sommerfotos aus Ihrer Einrichtung gegen das Wetterproblem. Bildergalerien aus dem Schwesternwohnheim, in dem die ausländischen Fachkräfte zunächst untergebracht werden sollen. Videointerviews mit ausländischen Fachkräften, die von dem Moment berichten, in dem sie zum ersten Mal auf Deutsch geträumt oder gemerkt haben, dass die hohen Ansprüche der Deutschen an Ordnung und Pünktlichkeit auch ihr Gutes haben.

Das Allerwichtigste sind aber Bilder der Ansprechpartner (Projektverantwortlicher, Integrationsbeauftragter, Diversity Manager). Wenn ich weiß, dass in Deutschland nicht nur ein anonymer Arbeitgeber auf mich wartet, sondern ich das Gesicht der Person sehen kann, die mich vielleicht am Flughafen abholen oder am ersten Arbeitstag willkommen heißen wird, entsteht ein erster Vertrauensmoment.

Da für ausländische Fachkräfte meist nur eine Vollzeitanstellung infrage kommt, sollten Sie auch zu diesem Thema Stellung nehmen. Darüber hinaus sind Details über jegliche Maßnahmen im Bereich Integration und Personalentwicklung für Interessenten aus dem Ausland spannend.

Damit keine Missverständnisse und Missstimmungen auftreten, informieren Sie transparent: Müssen die ausländischen Fachkräfte zum Beispiel für den Besuch ihrer Anpassungsqualifizierung Urlaub nehmen, sodass sich im ersten Jahr die tatsächlich freien Tage für eventuelle Reisen in die Heimat reduzieren? Scheuen Sie sich nicht, bekannte Vorbehalte auch offen anzusprechen: „Sie sind bereit, in der Altenpflege zu starten, auch wenn dies unter Ihrem Qualifikationsniveau liegt, möchten aber langfristig verantwortungsvollere Aufgaben übernehmen? Nach zwei Jahren Berufserfahrung und erfolgreicher Integration in unserem Unternehmen bieten wir Ihnen Weiterqualifizierungen zum Stationsleiter, Qualitätsmanager oder Wundmanager an!"

Von der Au-pair-Stelle über den Freiwilligendienst in die Altenpflege-Ausbildung

Der Winter ist kalt, aber die Menschen sind lieb, sagt die aus Kenia stammende Frau M. (21) über Deutschland. Als Au-pair-Mädchen kam sie nach Hannover und hat dort nach einem Freiwilligen Sozialen Jahr ihre Ausbildung zur Altenpflegerin begonnen. Ihre Geschichte, die sie im Blog „SOZIALE BERUFE kann nicht jeder" erzählt, zeigt, wie lang der Weg für Arbeitsmigranten sein kann, bis sie in Deutschland Fuß fassen, und was sie währenddessen bewegt. Für die Entwicklung passender Marketing-Maßnahmen sind solche Einblicke die beste Inspiration. Beispielsweise können deutsche Arbeitgeber ihren internationalen Freiwilligendienstleistenden die Angst vor Arbeitsfeldern wie der Behindertenhilfe nehmen, indem sie vorab informieren, welche Herausforderungen auftreten können, wie sie aber auch bei der Bewältigung unterstützen.

Klischee hin oder her – „Hier ist es ganz schön kalt!" war das erste, was M. dachte, als sie im Dezember 2010 bei Temperaturen unter null ankam. Bei kuscheligen 30 Grad plus war sie in ihrer Heimat losgeflogen, von Schnee hatte sie bis dahin noch nichts gehört oder gesehen. Von Deutschland sah sie dafür bald umso mehr, vor allem die Tagesförderstätte Bothfeld, eine Einrichtung für Menschen mit Behinderung der Gesellschaft für integrative Behindertenarbeit. Über eine Beratungsstelle wurde sie als FSJlerin dorthin vermittelt.

„Ich war in der Koralleninsel-Gruppe der Tagesförderstätte eingeteilt", erzählt Frau M., „Meine Aufgaben waren einkaufen, mit den Menschen mit Behinderung kochen und spielen, zum Beispiel „Mensch ärgere dich nicht", und sie zur Toilette begleiten. Ich habe gelernt, Menschen mit Behinderung zu unterstützen. Zuerst war es schwer, aber mit der Zeit wurde alles besser!" Besser wurde auch Frau M.s Deutsch, das musste sie nämlich erstmal lernen. „Es war besonders schwer, die Sprache der Menschen mit Behinderung zu verstehen!" Ein VHS-Kurs und die Kollegen haben geholfen, heute hat sie keine Probleme mehr. Und auch im Kochen ist die 21jährige jetzt richtig gut – jede Menge Rezepte hat sie während ihres FSJs gesammelt.

Eineinhalb Jahre sind vergangen. Frau M. wird in Deutschland bleiben und hat gerade eine Ausbildung zur Altenpflegerin im Bildungszentrum Birkenhof in Hannover angefangen. „Ich habe mich dafür entschieden, weil ich gerne mit Menschen Kontakt habe und besonders gerne alten Menschen helfe", sagt sie. „Auf die erste Bewerbung für eine Ausbildungsstelle habe ich eine Absage bekommen, aber mit der Hilfe meiner Kollegen hat es dann geklappt!"

Klar vermisst Frau M. ihre Familie in Kenia, die sie vor Monaten zuletzt gesehen hat: „Anfangs hatte ich starkes Heimweh, aber jetzt ist es nicht mehr so schlimm. Als junge Frau in einem anderen Land – das ist auch ein gutes Gefühl! Es ist schön, neue Menschen kennenzulernen. Und ich freue mich, wenn sie mir Fragen über meine Heimat stellen, zum Beispiel: ›Wie heiß ist es in Kenia?‹ Viele Menschen sind lieb zu mir. Ich weiß noch nicht, ob ich in drei Jahren zurück nach Kenia fliegen möchte – oder muss."

Das ist ja auch noch lange hin. Jetzt ist erstmal Frau M.s größter Wunsch, die Klausuren und Prüfungen während der Ausbildung zu bestehen. Ihr Traum ist es, eines Tages Medizin zu studieren. Ob in Kenia oder in Deutschland – Ärztin möchte sie auf jeden Fall werden.

2.3 Berater, Vermittler, Institutionen vor Ort: Geeignete Kooperationspartner finden

In den seltensten Fällen sind an einem internationalen Recruiting-Prozess ausschließlich der deutsche Arbeitgeber und die ausländische Fachkraft beteiligt. Dazu sind die Rahmenbedingungen zu komplex. Gerade unerfahrene Arbeitgeber holen sich mindestens einen Partner an die Seite und gehen dabei idealerweise auf Empfehlung vor.

Laut der Bertelsmann-Studie zum internationalen Recruiting in der Pflege setzen 65 Prozent der Arbeitgeber auf eigene Unternehmenskontakte im Ausland, 42 Prozent schalten eine staatliche Stelle ein, 41 Prozent nutzen Kontakte ihrer Beschäftigten, 40 Prozent leisten sich die Dienste eines privaten Personaldienstleisters und 31 Prozent sind in internationalen Stellenbörsen unterwegs.

Ein Welcome Center als Beispiel für einen beratenden, nicht vermittelnden Partner: „Beim zweiten Mal fällt es leichter"

Olivia Brohl-Schaffron ist Beraterin beim Welcome Center Sozialwirtschaft Baden-Württemberg (welcome-center-sozialwirtschaft.de). Das Welcome Center ist sowohl Anlaufstelle für ausländische Fachkräfte, die in Baden-Württemberg arbeiten möchten, als auch für baden-württembergische Arbeitgeber, die ausländische Fachkräfte beschäftigen möchten. So fließt hier das Know-how über die Bedürfnisse beider Seiten zusammen. Regionale und überregionale Welcome Center gibt es bundesweit, teils auch unter anderen Namen wie Willkommenszentrum oder Willkommensservice.

Frau Brohl-Schaffron, viele Unternehmen bekommen Initiativbewerbungen aus dem Ausland. Wie sind die Reaktionen?

Häufig scheuen Arbeitgeber den Aufwand, sich mit Bewerbungen aus dem Ausland auseinanderzusetzen. Anfragen von Arbeitgebern, die ein richtiges Programm aufsetzen und regelmäßig Fachkräfte aus dem Ausland holen möchten, bekommen wir daher selten. Eher meldet sich ein Unternehmen, bei dem eine Initiativbewerbung aus dem Ausland eingegangen ist, und das nun anfragt, was zu tun sei, wenn man diese Person beschäftigen möchte. Wenn die Unternehmen den Prozess erst einmal durchlaufen haben, merken sie, dass er so aufwendig gar nicht ist. Beim zweiten Mal fällt es dann leichter. In Zukunft werden die deutschen Arbeitgeber nicht darum herumkommen, sich mit dem Thema auseinanderzusetzen. Neben Programmen für Wiedereinsteiger und Quereinsteiger und Maßnahmen zur Erhöhung der Verweildauer der Mitarbeiter im Unternehmen wird die Anwerbung von internationalen Fachkräften ein wichtiger Baustein der Personalgewinnung werden.

Wie lässt sich feststellen, ob sich hinter einer E-Mail aus dem Ausland ein ernstzunehmender Bewerber verbirgt?

Nur weil die Bewerbung unvollständig ist, sollten Sie nicht gleich absagen. Das liegt nicht daran, dass der Bewerber unmotiviert wäre, sondern daran, dass Bewerbungen in anderen Ländern nun einmal anders aussehen als in Deutschland. Zeugnisse gehören oft nicht dazu, stattdessen werden Referenzen angegeben – Kontaktpersonen bei früheren Arbeitgebern, bei denen man nachfragen kann, wie die Person gearbeitet hat. Vergessen Sie nicht: Wenn wir uns mit dem, was wir in Deutschland für vollständige Bewerbungsunterlagen halten, in den USA bewerben würden, würden wir auch Unverständnis ernten.

Konkret gesagt: Einer Zweizeiler-E-Mail à la „Ich suche Arbeit, können Sie mir helfen?" würde ich nicht nachgehen. Kommt jedoch eine etwas ausführlichere Nachricht in relativ gutem Deutsch und hängt ein Lebenslauf an, wird es interessant. Aber auch der Lebenslauf sieht wahrscheinlich nicht so aus, wie Sie es von deutschen Bewerbern kennen. Nun müssen Sie gegebenenfalls nachhaken und sich weitere Informationen beschaffen. Welche Sprachkenntnisse hat der Bewerber? Jemandem, der überhaupt kein Deutsch spricht, würde ich absagen. Es dauert lange, bis so jemand das B2-Niveau erreicht, das er für die Anerkennung seines Abschlusses in Deutschland braucht. Hat der Bewerber aber eine abgeschlossene Pflegeausbildung und Deutschkenntnisse, erklären Sie ihm möglichst konkret den nächsten Schritt – normalerweise die Anerkennung seines ausländischen Schul- oder Berufsabschlusses. Nennen Sie ihm Kontaktadressen oder stellen Sie den Kontakt her – hier in Baden-Württemberg ist beispielsweise das Regierungspräsidium zuständig.

Wie lange dauert es vom Eingang der Initiativbewerbung bis zum Arbeitsantritt?

Im Idealfall, wenn also der Bewerber aus der EU kommt, Deutsch auf Niveau B2 spricht und alle Unterlagen vollständig hat, sollte es in Baden-Württemberg offiziell drei Monate bis zur Anerkennung dauern. In drei bis vier Monaten könnte die Person also theoretisch anfangen zu arbeiten. Doch in der Realität gibt es immer einen Punkt, der das Verfahren verzögert. Bewerber kommen zum Beispiel aus Drittstaaten, also nicht aus der EU, und müssen erst ein Visum beantragen, ein Anerkennungspraktikum oder eine Kenntnisprüfung machen. Oder die Anerkennungsstelle hat gerade einen Engpass. In der Realität dauert es eher ein halbes bis dreiviertel Jahr, bis der Antrag durch ist. Viele Unternehmen stellen die ausländische Fachkraft dann übergangsweise als Pflegehelfer ein.

Welche Faktoren sind aus Ihrer Sicht die wichtigsten für erfolgreiches internationales Recruiting?

Wichtig ist es, die ausländischen Fachkräfte vor der Einstellung hospitieren zu lassen. Vereinbaren Sie eine Probearbeit von mindestens einer Woche bis zehn Tagen. Machen Sie den Bewerbern klar, dass dies noch keine Zusage für eine Stelle ist und dass beide Seiten etwas davon haben, wenn man sich zuerst kennenlernen und dann entscheiden kann. Es geht nicht nur darum, dass der Arbeitgeber die Fachkraft prüft, sondern auch darum, dass die Fachkraft weiß, worauf sie sich einlässt.

Sinnvoll ist auch ein Mentoren-Programm. Dabei werden Tandems aus jeweils einer ausländischen und einer deutschen Fachkraft gebildet. So eine Aufgabe darf man aber keinem deutschen Mitarbeiter aufdrängen, der keine Motivation oder keine Zeit dafür hat. In kleinen Einrichtungen ist es meist leichter, ausländische Fachkräfte zu integrieren, weil es familiärer zugeht. Es kommt nicht ständig jemand aus dem Ausland neu dazu und so findet sich eher jemand, der bereit ist, die Person unter seine Fittiche zu nehmen.

Vergessen Sie nicht die Mitarbeiter, die bereits bei Ihnen arbeiten – vor allem die Mitarbeiter mit Migrationshintergrund, die schon seit einigen Jahren an Bord sind. Bei ihnen entsteht häufig Frustration, weil sie selbst nicht so aufwendig abgeholt und betreut wurden. Eine gute Kommunikation nach Innen ist wichtig.

Macht es einen Unterschied, ob man Geflüchtete, Menschen mit Migrationshintergrund, die schon länger in Deutschland leben, oder Fachkräfte, die noch im Ausland sind, rekrutiert?

Für jede Zielgruppe gibt es Punkte, die das Verfahren vereinfachen und erschweren. Menschen mit Migrationshintergrund, die schon länger in Deutschland leben, haben bereits ein soziales Netz aufgebaut, haben möglicherweise Sprachkenntnisse, die Aufenthaltsfrage ist geklärt. Einige Hürden sind also schon genommen. Andererseits kommt man aber schwer an sie heran. Geflüchtete Bewerber haben meist keine oder sehr wenige Sprachkenntnisse, ihnen fehlen Dokumente und die Aufenthaltsfrage ist ungeklärt. Dafür ist es leichter, mit ihnen in Kontakt zu treten, weil man weiß, wo sie sich aufhalten. Bei Personen, die noch im Ausland leben, kann man die Planung in Ruhe angehen. Spannend könnte es sein, Geflüchtete und Migranten, die schon länger hier sind und vielleicht schon in der Einrichtung arbeiten, zusammenzubringen. So bekämen die Migranten eine Aufgabe als Vermittler.

Viele Arbeitgeber scheuen sich vor allem vor den rechtlichen Fragen. Zu Recht?

Ich muss das rechtliche Know-how nicht selbst im Unternehmen haben. Es gibt genügend Migrations- oder Anerkennungsberatungsstellen und Ansprechpartner wie unser Welcome Center, an die man sich wenden kann. Ich brauche als Arbeitgeber einen guten Kontakt dorthin und sollte die wichtigsten Informationen und Schritte für die ausländischen Fachkräfte auf einem Merkblatt zur Hand haben. Unser Welcome Center Sozialwirtschaft bietet Flyer in verschiedenen Sprachen an. Wir lassen auch Informationen zu Anerkennung, Aufenthalt, zum Leben und Arbeiten in Deutschland auf Deutsch in „Leichte Sprache" übersetzen, weil wir die Erfahrung gemacht haben, dass selbst ein ausländischer Arzt, der sich für ein Stipendium bewerben wollte und bereits den C1-Niveau-Deutschkurs belegt, die Antragsformulare und die Antwort der Antragsstelle nicht verstanden hat. Das war einfach zu kompliziert formuliert.

Theoretisch ist es nicht Aufgabe des Arbeitgebers, sich um die Anerkennung und den Aufenthaltstitel für die Fachkraft zu kümmern – auch wenn in der Praxis viele Arbeitgeber umfangreiche Unterstützung leisten, um die Fachkräfte zu halten. Aber eigentlich sollten sich die Personen aus dem Ausland selbst um ihr Visum und die Anerkennung ihrer Abschlüsse kümmern. Das fördert die Selbstständigkeit und Integration.

Was wir in den vergangenen Jahren auch festgestellt haben: Es heißt immer „Die armen Fachkräfte". Und natürlich gibt es Fachkräfte, die von unseriösen Vermittlern ausgenutzt werden, die die Kosten für die Reise und den Sprachkurs sowie eine Provision vollständig selbst zahlen sollen und so gleich mit Schulden in ihr neues Leben starten. So soll das nicht sein. Die Vermittlungskosten sollte der deutsche Arbeitgeber tragen und zumindest eine Beteiligung an den Reisekosten und den Kosten für einen Sprachkurs sollte er übernehmen. Umgekehrt gibt es aber auch Unternehmen, die von ausländischen Fachkräften ausgenutzt werden. Die Fachkräfte lassen sich die Anreise, den Sprachkurs und die Nachqualifizierung bezahlen und suchen sich bei erster Gelegenheit eine bessere Stelle. Das ist zum Beispiel ein großes Problem für deutsche Arbeitgeber an der Grenze zur Schweiz. In der Schweiz ist es schwieriger, die Anerkennung zu bekommen, als in Deutschland – das Gehalt für Pflegekräfte ist aber höher. Darum nutzen die Fachkräfte die deutschen Einrichtungen lediglich als Sprungbrett.

Und wie lässt sich das verhindern?

Deutsche Mitarbeiter müssen häufig einen Fortbildungsvertrag mit ihrem Arbeitgeber abschließen, in dem sie sich verpflichten, zwei Jahre dort zu bleiben, wenn der Arbeitgeber die Fortbildung bezahlt. Verlassen Sie das Unternehmen vor Ablauf der zwei Jahre, müssen sie die Kosten für die Fortbildung zurückzahlen. Was für deutsche Mitarbeiter gilt, sollte auch für ausländische Mitarbeiter gelten. In der Praxis ist natürlich die Frage, ob sich das umsetzen lässt. Knebelverträge darf es nicht geben, und so lange es Arbeitgeber gibt, die die Kosten für die ausländischen Fachkräfte auch ohne Fortbildungsvertrag übernehmen, werden sich die Fachkräfte dorthin orientieren. Es wäre hilfreich, wenn die deutschen Arbeitgeber, die im internationalen Recruiting aktiv sind, hier mehr an einem Strang ziehen und sich untereinander austauschen würden.

Wenn man als Unternehmen auf eine kommerzielle Vermittlungsagentur für ausländische Fachkräfte zurückgreifen will: Wie erkennt man seriöse Anbieter?

Die Personalvermittlung sollte ihre Vermittlungsprozesse und auch die Gebührengestaltung transparent darstellen. Die Vermittlungsprovision ist angemessen und bewegt sich in der üblichen Spanne der Anbieter auf dem Markt. Wenn Informationen in verschiedenen Sprachen verfügbar sind, ist das ein gutes Zeichen. Es sollte keine versteckten Gebühren geben und die Vermittlungskosten sollten ausschließlich vom zukünftigen Arbeitgeber gezahlt werden. Keinesfalls sollten Gebühren für die

Bewerber fällig werden, allein um Zugang zum Vermittlungs-verfahren zu erhalten. Der Zugang darf ausschließlich über fach-liche Qualifikationen erfolgen. Die Bewerber werden nicht ver-pflichtet, eine Vermittlungsleistung durch Arbeit in Deutschland „abzubezahlen". Während der Anwerbungs- und Einarbeitungs-phase können die Bewerber die Teilnahme abbrechen, ohne dass ihnen für den Abbruch selbst Kosten entstehen. Wenn im Falle eines Abbruchs die Rückerstattung der Kosten für Flüge, Deutschkurse oder andere Leistungen vorgesehen ist, muss dies vorab vertraglich festgehalten werden. Zwischen Vermittlungs-agentur und Arbeitgeber wird vorab vertraglich geklärt, wel-ches Engagement des Vermittlers garantiert wird, wenn vermit-telte Fachkräfte abbrechen und ausfallen. Bewerber sollten ihre Originaldokumente nicht abgeben müssen. Sie werden zu den-selben Bedingungen eingestellt wie deutsche Arbeitnehmer. Dies sind die wichtigsten Punkte. Wir arbeiten aber gerade an einem erweiterten Kriterienkatalog, der nicht nur theoretische Kriterien umfasst, sondern in den auch Erfahrungen der Fach-kräfte und Arbeitgeber mit Vermittlungsagenturen einfließen.

Was raten Sie Fachkräften, die sich an Sie wenden?

Wir beraten alle Fachkräfte individuell, egal aus welchem Land sie kommen oder mit welchem Aufenthaltsstatus sie hier sind, und wir beraten auch Personen, die eine Ausbildung anstreben. Eine Schwierigkeit ist, dass viele ausländische Fachkräfte ihre Informationen aus WhatsApp-Gruppen beziehen, in denen Leute aus dem eigenen Land, die für sich einen Weg in Deutschland gefunden haben, Informationen verbreiten. Sie vertrauen den eigenen Leuten mehr als den offiziellen Beratungsstellen. Das führt schon mal in eine Sackgasse, denn die beschriebenen Wege können nicht eins zu eins nachgegangen werden. Je nach indi-viduellen Rahmenbedingungen sind die Regelungen unterschied-lich und es muss ein individueller Weg gefunden werden.

Grundsätzlich muss eine Fachkraft, die sich noch im Ausland befindet, einen Arbeitsvertrag eines deutschen Arbeitgebers vorlegen und im Bereich der Sozialwirtschaft bedürfen fast alle Berufe einer Anerkennung. Was viele nicht wissen: Es gibt För-dermittel, zum Beispiel über das Stipendienprogramm „Beruf-liche Anerkennung in Baden-Württemberg", mit denen Fachkräfte die Kosten für die Lebenshaltung, für Kopien, die sie für Anträge benötigen, oder für Anerkennungskurse finanzieren können. Deutschkurse können sie allerdings nur über die Stiftung abwickeln, wenn sie diese nicht vom Bundesamt für Migration und Flüchtlinge erstattet bekommen.

Wir beraten ausländische Fachkräfte teils in individuellen Beratungsgesprächen, teils aber auch im Rahmen von drittmittelgeförderten Projekten, bei denen wir dann auch die Möglichkeit haben, einen Hospitationsplatz in einem Krankenhaus zu vermitteln oder einen Sprachkurs von Niveau B1 auf B2 zu finanzieren. Wir vermitteln sie allerdings nicht direkt als Fachkräfte an Unternehmen. Die Unternehmen würden sich das zwar wünschen, aber es ist eigentlich nicht notwendig. Wer engagiert ist, findet während der Antragsphase sehr schnell einen Arbeitsplatz.

2.3.1 Kooperationspartner und offizielle Programme nutzen

Differenzierter beschrieben können die Kooperationspartner beratende und vermittelnde Partner mit Sitz in Deutschland sein, zum Beispiel kommerzielle Personalvermittlungsagenturen, Unternehmens- oder Organisationsberatungen mit Erfahrung in der Begleitung internationaler Rekrutierungsprozesse oder Programme von offiziellen Stellen wie der Bundesagentur für Arbeit, die nicht gewinnorientiert sind, sondern kostendeckend arbeiten. Auch Beratungsstellen wie das oben beschriebene Welcome Center oder die Zentrale Auslands- und Fachvermittlung der Bundesagentur für Arbeit kommen infrage. Unterschieden werden muss zwischen Partnern, die nur beraten, Partnern, die nur vermitteln, Partnern, die beides können, und Partnern, die Beratung und eine Plattform für internationale Stellenanzeigen und Stellengesuche (Lebenslaufdatenbank) anbieten, sich jedoch nicht in den Bewerbungsprozess einschalten. Eine ganz andere Möglichkeit ist es, direkt mit einem Kooperationspartner im Ausland zusammenzuarbeiten, der Kontakt zu potenziellen Bewerbern pflegt oder sich vor Ort auskennt. Das wären beispielsweise German Center, Universitäten, die einen Bachelor Pflege anbieten, Bildungsinstitute oder Nichtregierungsorganisationen, die Sprachkurse durchführen. Auch Einzelpersonen, Vereine oder Kirchengemeinden mit Verbindungen nach Deutschland kommen als Kooperationspartner infrage.

Ein Beispiel für einen Kooperationspartner aus der letztgenannten Kategorie wäre A.G.E. y R. (ager-granada.com), ein Verein heimgekehrter Auswanderer in Granada, Spanien. Seine Mitglieder waren wie insgesamt drei Millionen Spanier in den 1950er- und 1960er-Jahren zum Arbeiten in andere europäische Länder, aber auch in die USA gegangen, und unterstützen nun ihre Kinder und Enkel, die ihr Glück ebenfalls im Ausland versuchen möchten. Darunter junge Menschen mit Universitätsausbildung, aber ohne Berufserfahrung, sowie auch langzeitarbeitslose Personen mittleren Alters, die noch einmal neu anfangen möchten. Der Verein betreibt ein Büro in Deutschland, unterhält dort Kontakte mit Unternehmen und Personalagenturen und vermittelt auch Freiwilligendienstleistende. Alle Mitarbeiter sind zweisprachig und kennen Deutschland und seine Institutionen. Sie beraten die spanischen Arbeitsmigranten, leisten juristischen Beistand, übersetzen besonders in der ersten Zeit, wenn die Sprachbarriere noch groß ist, und sind per 24-Stunden-Hotline im Notfall erreichbar. Nach eigenen Angaben bleiben 90 Prozent der von A.G.E. y R. betreuten Auswanderer langfristig im Zielland.

Ein Beispiel für eine Anlaufstelle, die Beratung sowie eine internationale Stellenbörse und Lebenslaufdatenbank bietet, ist „Eures – Das Europäische Portal zur Beruflichen Mobilität" (http://bit.ly/1O4 Hoe5). Es ist ein Angebot der Europäischen Kommission und anderer Netzwerkpartner, das es seit 1993 gibt. Arbeitgeber können dort ihre freien Stellen kostenlos ausschreiben und registrierte Arbeitssuchende auch direkt anschreiben. Eures betreibt eine Webseite und beschäftigt 850 Berater in ganz Europa, die Jobsuchende und Arbeitgeber beraten. Es sind dort nicht nur internationale Bewerber aus der EU, sondern beispielsweise auch aus Albanien, Usbekistan, Weißrussland oder der Ukraine registriert. Deutsche Arbeitgeber berichteten mir von einer Erfolgsquote von fünfzehn bis 30 Bewerbern pro Stellenanzeige. Sie lassen sich nach sprachlichen oder beruflichen Qualifikationen filtern. Mancher soziale Träger findet dort nicht nur Pflegekräfte, sondern auch Bäcker oder Metzger für seine eigenen Betriebe.

2.3.2 Kooperationsform entscheiden

Wichtig für die Gestaltung eines Kooperationsnetzwerkes ist die Frage, ob es eine arbeitsaufwendigere, aber konzeptionell interessantere Zweier-Kooperation aus deutschem Arbeitgeber und ausländischem Kooperationspartner sein soll oder ein Dreier-Netzwerk, bei dem zusätzlich noch ein beratender und vermittelnder Partner wie eine Organisationsberatung oder Personalagentur zwischengeschaltet wird. Ein Beispiel für ein solches Netzwerk-Format haben Sie im Kapitel 1.4 „Mögliche Herkunftsländer ausländischer Fachkräfte" (dort 1.4.6) mit dem Projekt „Learn | Match | Integrate" kennengelernt. Bei einer Dreier-Kooperation ist es möglich, dass alle drei Partner an einem Tisch sitzen und die Rekrutierung gemeinsam gestalten, meist beschränkt sich aber der Kontakt des deutschen Arbeitgebers auf den vermittelnden Partner, der wiederum Kontakt zum Kooperationspartner vor Ort hält.

Es ist ein Qualitätskriterium für eine Beratung oder Vermittlung, wenn diese nachhaltig mit einem seriösen Partner vor Ort zusammenarbeitet, Informationen zur Qualitätssicherung zur Verfügung stellt und ein Kennenlernen ermöglicht.

Das Projekt „Triple Win" als Beispiel für einen nichtkommerziellen, vermittelnden Kooperationspartner: „Es gibt sehr viele Anfragen von Arbeitgebern aus Deutschland"

Die Deutsche Gesellschaft für Internationale Zusammenarbeit (GIZ) betreut Projekte zur Förderung der Arbeitsmigration. Im Projekt „Triple Win" (triple-win-pflegekraefte.de) vermittelt sie gemeinsam mit der Zentralen Auslands- und Fachvermittlung (ZAV) der Bundesagentur für Arbeit Pflegekräfte aus Bosnien-Herzegowina, Serbien, von den Philippinen und seit Neuestem auch aus Tunesien nach Deutschland. Insgesamt wurden bisher 1.600 Pflegefachkräfte an deutsche Arbeitgeber vermittelt, davon arbeiten 1.150 bereits hier, die anderen befinden sich noch in Sprachkursen in ihrem Herkunftsland. Die Arbeitgeber, die sich für die ausländischen Pflegekräfte interessieren, kommen aus dem ganzen Bundesgebiet, vor allem aber aus Bayern, Baden-Württemberg, Niedersachsen, Hessen und seit Kurzem aus Nordrhein-Westfalen. Ein Interview mit der Projektverantwortlichen bei der GIZ, Maja Bernhardt.

Frau Bernhardt, Ihr Pilotprojekt startete 2012 in Bosnien-Herzegowina. Wie sind dort die Erfahrungen?

Zur Gewinnung der Pflegekräfte gibt es zwischen der Bundesagentur für Arbeit und der Arbeitsverwaltung ARZ in Bosnien-

Herzegowina eine Vermittlungsabsprache. Es gibt aber auch alternative Möglichkeiten, als bosnische Pflegekraft in Deutschland zu arbeiten, zum Beispiel über die Beschäftigungsverordnung, dort ist das in § 26 Abs. 2 niedergelegt. Das hat für uns nicht nur Vorteile: Viele Bosnier bewerben sich direkt und ohne unsere Hilfe bei deutschen Arbeitgebern, denn die Anforderungen an unsere Projektteilnehmer erscheinen ihnen zu hoch und unsere Vorbereitungsphase dauert ihnen zu lang. So verlangen wir gute Deutschkenntnisse und es finden zwei Auswahlgespräche statt – eins durch uns und eins durch den deutschen Arbeitgeber. Doch ohne unser Projekt sind die Fachkräfte vom Balkan weniger gut vorbereitet, für den Arbeitgeber entsteht viel Aufwand und die Chancen auf eine erfolgreiche Integration sind geringer. Nicht umsonst wird ein Drittel der Bewerber aus Bosnien-Herzegowina von Triple Win aus persönlichen oder fachlichen Gründen abgelehnt. Darunter viele Umschüler, die sich in einem halben Jahr zum sogenannten Medizintechniker qualifiziert haben. Das Land macht keinen Unterschied zwischen Umschüler und regulärer Pflegeausbildung, der Titel auf dem Abschlusszeugnis ist formal der gleiche. Da kann es da schon einmal zu falschen Erwartungen kommen – besonders wenn Arbeitgeber ohne beratenden Partner rekrutieren.

Auch auf den Philippinen rekrutieren Sie Pflegekräfte, wie läuft es dort?

Auf den Philippinen gibt es eine sehr gut organisierte Auswanderungspolitik und geschätzte 200.000 arbeitslose Pflegekräfte. Die dortige Arbeitsverwaltung ist sehr interessiert an der Zusammenarbeit mit Deutschland, nachdem ihre Pflegekräfte in der Vergangenheit hauptsächlich in die USA und nach Kanada gingen, weil sie ihren Bachelorabschluss bereits auf Englisch gemacht haben. Hindernisse gibt es aber auch auf den Philippinen: Die dortige Regierung möchte, dass Pflegekräfte, die auswandern, zwei Jahre Berufserfahrung haben. Das finde ich aus fachlicher Sicht sehr gut, denn Berufserfahrung ist in Deutschland wichtig. Doch um diese zwei Jahre zu schaffen, müssen viele unbezahlt arbeiten. Außerdem können wir gute Sprachkurse auf den Philippinen nur an drei Orten anbieten. Das ist ein Problem für jemanden, der weiter weg wohnt und kein Geld hat. Viele philippinische Projektteilnehmer fallen leider bei der B1-Prüfung im Bereich Hörverstehen und Sprechen durch und ihre Ausreise verzögert sich. Unter den Projektteilnehmern von den Philippinen verzeichnen wir mehr Abbrüche als in anderen Ländern, weil die Sprachkurse für sie sehr mühsam sind. Insgesamt liegen uns 500 Bewerbungen von Pflegekräften vor.

Wie läuft die Rekrutierung ab?

Triple Win schaltet eine Stellenausschreibung im Herkunftsland. Dann führt die ZAV Auswahlgespräche in den Ländern und entscheidet, wer in das Projekt aufgenommen wird. Die Teilnehmer absolvieren einen Sprachkurs und einen Orientierungskurs. Mit B1-Niveau schicken wir sie nach Deutschland, denn unserer Erfahrung nach ist ein im Ausland erworbenes B2-Niveau nicht so gut wie ein B2-Niveau, das in Deutschland erworben wird, während man die deutsche Sprache schon im Alltag und im Beruf anwendet. Uns ist wichtig, dass unsere Projektteilnehmer realistische Erwartungen haben und zum Beispiel verstehen, dass das in ihren Augen hohe Gehalt in Deutschland für Miete und Lebenshaltungskosten schnell draufgeht.

Die Projektteilnehmer werden in unserem Fachkräfte-Pool gelistet. Wenn nun eine Anfrage von einem deutschen Arbeitgeber eingeht, schlägt die ZAV Fachkräfte aus unserem Pool mit anonymisierten Lebensläufen vor. Vertreter des Arbeitgebers fliegen in das Herkunftsland und führen Vorstellungsgespräche im dortigen Büro der GIZ durch. Wenn nur vereinzelt Fachkräfte angeworben werden, kann auch ein Vorstellungsgespräch per Skype stattfinden, wir empfehlen aber das Kennenlernen vor Ort.

Von der Aufnahme ins Projekt bis zur Ausreise nach Deutschland können erfahrungsgemäß sieben oder acht Monate vergehen. Pflegekräfte und Arbeitgeber verpflichten sich, innerhalb eines Jahres die Anpassungsqualifizierung und die Anerkennung des Berufsabschlusses der Pflegekraft in Deutschland durchzuführen. Erfahrungsgemäß braucht es danach noch ein weiteres Jahr, bis die ausländische Pflegefachkraft wirklich integriert ist.

Vor Einreise beziehungsweise mit der Einreise werden Anträge auf Anerkennung beim zuständigen Regierungspräsidium gestellt. Wir kennen die Anbieter guter Anpassungsqualifizierungen und können mit Empfehlungen helfen. In Deutschland gibt es nämlich noch sehr wenige Anpassungsqualifizierungen, die einen hohen Praxisanteil haben und regelmäßig stattfinden. Es ist nicht so leicht für Arbeitgeber, die ausländischen Fachkräfte gut zu qualifizieren.

Auch wir finden die unterschiedlichen Regularien der verschiedenen Ausländerbehörden oder Anerkennungsstellen schwierig. Oft werden die Defizitbescheide seitens der Regierungsbehörden nach der gesetzlich vorgeschriebenen Frist von vier Monaten nicht ausgestellt. Auch wird zum Beispiel von einigen Regierungsbehörden verlangt, dass die Urkunden für die Anerkennung von einer deutschen Stelle im Herkunftsland beglaubigt werden. Das ist mit Aufwand und Kosten für die Pflegekräfte verbunden.

Wie entwickelt sich Ihr Projekt weiter?

Im letzten Jahr haben wir begonnen, Pflegekräfte in Tunesien zu gewinnen. Die tunesische Regierung ist sehr engagiert. Nach Ankunft in Deutschland werden wir sehen, wie sich die Integration der hauptsächlich männlichen tunesischen Pflegekräfte bei den deutschen Arbeitgebern vollzieht. Wir wollen die Tunesien-Kooperation nach einem Jahr umfangreich auswerten, um daraus zu lernen. Wie im Übrigen unser gesamtes Projekt Triple Win zurzeit evaluiert wird, es findet eine Befragung aller Pflegekräfte statt – mit Fragestellungen wie: Welche der Pflegekräfte, die 2013 eingereist sind, sind noch beim selben Arbeitgeber beschäftigt? Auch identifizieren wir gerade andere Berufsgruppen aus dem Gesundheitswesen, für die sich eine Anwerbung lohnen könnte. Und wir sehen uns nach neuen Herkunftsländern um. Rund 800 Pflegekräfte haben wir noch im Vermittlungspool. Wir könnten sie problemlos unterbringen, denn es gibt sehr viele Anfragen von Arbeitgebern aus Deutschland, aber die Projektteilnehmer sind mit der sprachlichen Vorbereitung noch nicht soweit.

Mit welchen Kosten muss ich als Arbeitgeber rechnen?

Wir stellen pro vermittelte Fachkraft eine Umlage von 4.000 Euro in Rechnung. Darin sind unter anderem ein Infopaket zum Thema Integration sowie Integrationsworkshops und der Sprachkurs im

> Herkunftsland bis zum Niveau B1 enthalten. Unser Angebot ist nicht gewinnorientiert, die Kostenbeiträge decken lediglich unseren Aufwand. Das Gehalt, das der deutsche Arbeitgeber den vermittelten Fachkräften zahlen muss, ist auch festgeschrieben: Es sind 1.900 Euro vor der Anerkennung und 2.300 Euro nach der Anerkennung ihres Abschlusses in Deutschland.

2.4 Herzlich willkommen: Wie Sie die Einreise ausländischer Fachkräfte gut vorbereiten

Was passieren kann, wenn Sie die Einreise Ihrer neuen internationalen Mitarbeiter nicht gut genug vorbereiten, beschreibt Jessica Hernández von der Unternehmensberatung contec am Beispiel einer Gruppe indischer Pflegekräfte. Die Migrantinnen war zum Arbeiten zunächst nach Italien gekommen. „Der Pförtner empfing sie am Flughafen und setzte sie in einer Wohnung ab", so Hernández, „Dort saßen sie dann und wussten nicht, wie es weitergehen würde. Sie wollten zu Hause anrufen, um Bescheid zu geben, dass sie heil angekommen waren, doch sie hatten keine SIM-Karten und wussten auch nicht, wie sie welche bekommen konnten. Sie wussten nur eins: Am nächsten Morgen sollten sie ihre erste 12-Stunden-Schicht auf Station antreten." Die Inder hielten es nicht lange aus und reisten nach Deutschland weiter. Der italienische Arbeitgeber hatte seine Chance verspielt.

2.4.1 Hospitation

Eine gelungene Einreise bedeutet eben mehr, als nur organisatorische Fragen zu klären – sie verlangt Empathie. Zum Beispiel auch bei der Frage, was ausländische Bewerber von einem Vorstellungsgespräch oder der Einarbeitung erwarten. Sowohl verbale als auch nonverbale Missverständnisse sind an der Tagesordnung und können durch eine Hospitation teilweise vermieden werden.

Wenn irgend möglich, sollten Sie Ihre internationalen Fachkräfte zunächst zu einem solchen mehrtägigen Probeaufenthalt anreisen lassen. Natürlich entstehen dadurch doppelte Reisekosten, und bei Personen aus fernen Herkunftsländern ist eine zweifache Anreise nicht immer möglich. Auch können die Erfahrungen während einer Hospitation dazu führen, dass die internationale Fachkraft sich gegen

Sie als Arbeitgeber oder Deutschland als Zielland entscheidet. Das wäre bedauerlich, ist aber immer noch besser, als wenn Sie die umfangreichen Vorbereitungen für einen Daueraufenthalt umsonst treffen, weil es der Person nicht gefällt und sie innerhalb kürzester Zeit abspringt. Daher hat sich eine Hospitation als wichtiger Erfolgs-faktor erwiesen. Sie können die Fachkraft viel intensiver als bei einem Vorstellungsgespräch kennenlernen. Sie können gegebenen-falls dem Team, in dem der neue Mitarbeiter eingesetzt werden soll, ein Mitspracherecht einräumen. Internationales Recruiting funktio-niert nicht, wenn Sie wahllos jeden Bewerber nehmen, der Interesse bekundet.

Wichtig ist, dass es passt – auch für die ausländischen Pflegekräfte. Egal wie ausführlich Sie im Vorstellungsgespräch oder im Infomate-rial erläutern, dass in Deutschland auch die Grundpflege zu den Aufgaben einer Pflegekraft gehört – die neuen Mitarbeiter setzen sich meist erst wirklich damit auseinander, wenn sie es im Arbeits-alltag erleben. Egal ob theoretisch verstanden wurde, welche Rolle dem Altenpfleger in der deutschen Gesellschaft zukommt – Men-schen aus Ländern, in denen es üblich ist, dass sich ein Familienmit-glied von der Arbeit zurückzieht, um Angehörige im Sterbeprozess zu begleiten, brauchen Zeit und Anschauungsmöglichkeiten, um sich an die Vorstellung zu gewöhnen.

Eine Alternative zur Hospitation ist ein Projektformat, in dem Stu-dierende von Pflege Bachelor-Studiengängen an ausländischen Hoch-schulen Ihre Pflichtpraktika in Ihrem Unternehmen absolvieren. Oder ein Freiwilliges Soziales Jahr oder ein Bundesfreiwilligendienst, die beide auch Bewerbern aus dem Ausland offenstehen. Auch diese Lösungen geben beiden Seiten genug Raum, um sich zu beschnup-pern, Erwartungen mit der Realität abzugleichen und eine fundierte Entscheidung zu treffen.

2.4.2 Organisation der Einreise

Ist die Hospitation erfolgreich gelaufen und sind die rechtlichen Fra-gen soweit bis zu diesem Punkt möglich geklärt, geht es an die Organisation der Einreise: Ihre neuen internationalen Mitarbeiter brauchen ein Flugticket oder andere Reiseunterlagen. Viele von ihnen haben ihr Land zuvor noch nie verlassen, manche sind sehr jung, keiner hat Geld übrig. Als Arbeitgeber können Sie also nicht davon ausgehen, dass die Menschen ihr Ticket problemlos selber buchen, bezahlen und den Weg vom Flughafen zum Arbeitsort alleine finden. Ein Zuschuss oder die Übernahme der Reisekosten, Hilfe bei der Buchung und eine Packliste mit Dingen, die mitgebracht werden sollten, sind notwendig.

Selbstverständlich schicken Sie jemanden, der Ihre neuen Mitarbeiter am Flughafen abholt und in die Unterkunft bringt. Idealerweise macht sich nicht wie im oben beschriebenen Fall der Hausmeister alleine auf den Weg, sondern er wird von dem Integrationsbeauftragten oder einem Dolmetscher begleitet. Denn selbst wenn die Fachkräfte etwas Deutsch sprechen, werden sie sich freuen, wenn sie anfangs in ihrer Muttersprache kommunizieren können. Denken Sie immer daran, dass die ersten Eindrücke prägend sind und ein negatives Gefühl, wenn es in diesen Minuten, Stunden und Tagen entstehen sollte, schwer wieder auszubügeln ist. Sorgen Sie also unbedingt dafür, dass sich Ihre ausländischen Fachkräfte willkommen fühlen! Bringen Sie Blumen mit zum Flughafen und lächeln Sie viel. Bieten Sie ein Smartphone und einen Moment Privatsphäre an, damit die Eingereisten sich kurz zu Hause melden können. Bedrängen Sie sie nicht mit zu vielen Informationen, aber überlassen Sie sie auch nicht zu lange sich selbst. Erklären Sie gerade am Anfang jeweils nur den nächsten Schritt. Vielleicht ermöglichen Sie den Ankömmlingen, sich zwei, drei Stunden in der vorgesehenen Unterkunft auszuruhen und holen sie dann noch einmal zu einem gemeinsamen Essen ab.

2.4.3 Erste Unterbringung

Das Thema Unterbringung verlangt ebenfalls Fingerspitzengefühl. Die ausländischen Fachkräfte für ein paar Wochen im Hotel einzuquartieren und zu erwarten, dass sie sich währenddessen eine eigene Unterkunft suchen, wird nicht funktionieren. Als frisch Eingereiste mit einem für eine kurze Dauer befristeten Aufenthaltstitel werden sie keinen Mietvertrag bekommen. Die Wohnung muss also voraussichtlich für einen längeren Zeitraum zunächst von Ihnen als Arbeitgeber angemietet werden.

Dabei gibt es einiges zu bedenken: Wenn Sie beispielsweise eine Gruppe von sechs Fachkräften aus demselben Land holen und sie alle zusammen in einer großen Wohngemeinschaft unterbringen, wird die Gruppe unter sich bleiben und schwer Anschluss finden. Wenn dagegen nur einzelne Personen kommen oder Sie die Gruppenmitglieder getrennt unterbringen, werden sie vermehrt unter Heimweh und Einsamkeit leiden. Manche Arbeitgeber bauen daher auf Zweier-WGs, andere können auf ein eigenes Schwesternwohnheim zurückgreifen.

Eine Alternative wären auch Gastfamilien für die ersten Wochen oder für die Dauer der Hospitation oder eines Praktikums, die Ihnen einen Teil der „Willkommensarbeit" abnehmen können.

Machen Sie sich in jedem Fall klar, dass die Wohnsituation, die Sie vorbereiten, nur eine Übergangslösung darstellt und es mit Sicherheit noch notwendig werden wird, andere langfristige Lösungen zu finden, die zu den individuellen Bedürfnissen der ausländischen Fachkräfte passen. Insbesondere, wenn sie ihre Familie nachholen möchte.

2.4.4 Einleben mit einem „Willkommensprogramm"

Wenn sie erst einmal untergebracht sind, geben Sie den Eingereisten einige Tage Zeit, um sich einzugewöhnen, bevor sie ihre Arbeit aufnehmen. Ein einwöchiges „Willkommensprogramm" hat sich bewährt, wobei Sie die Migranten nicht überfordern und ihnen immer wieder Zeit zum Verarbeiten der Eindrücke geben sollten. Das Willkommensprogramm beinhaltet natürlich eine Führung durch die Einrichtung und das Gelände, aber möglicherweise auch eine Willkommensparty im Schwesternwohnheim. Die Umgebung kann gemeinsam mit einer ortskundigen Begleitung erkundet werden. Praktische Übungen wie „Busfahren in Deutschland" oder „Einkaufen im deutschen Supermarkt" und erste Teambuilding-Maßnahmen mit den Stammmitarbeitern runden das Programm ab.

Anpassungsqualifizierungen, falls diese extern stattfinden sollen, und Deutschkurse (auch für Fachkräfte, die bereits ein B2-Zertifikat mitbringen!) organisieren Sie am besten schon vor der Einreise. Spätestens aber in der Willkommenswoche sollten die Bedarfe festgestellt und geeignete Angebote ausgemacht werden. Dazu sind so genannte Onboarding-Interviews sinnvoll – auch um festzuhalten, in welchem emotionalen Zustand sich die Eingereisten befinden (ob sie zum Beispiel überdurchschnittlich stark mit Heimweh zu kämpfen haben und besonders enge Begleitung brauchen), oder ob sie vielleicht ein gesundheitliches Problem haben, das abgeklärt werden sollte. Was ihre ganz individuellen Erwartungen an Sie als Arbeitgeber sind, wie ihre Deutschkenntnisse unabhängig von Zertifikaten realistisch eingestuft werden können, welche Hobbies und Interessen sie haben.

Die Erkenntnisse, die Sie während dieser Gespräche gewinnen, ermöglichen es Ihnen, sich auf individuelle Schwierigkeiten vorzubereiten und individuelle Wege zu finden, um die Eingewöhnung zu erleichtern. Recherchieren Sie einen passenden Sportverein, in dem die Zuwanderer Anschluss finden könnten. Wenn jemand sein Haustier vermisst, findet sich vielleicht ein Hund, mit dem er gelegentlich Gassi gehen kann. Wer auf dem Land eingesetzt wird und nicht gerne zu Fuß läuft, würde sich über ein Leihfahrrad freuen. Nicht zuletzt können Sie während der Willkommenswoche erste Ämtergänge und Erledigungen gemeinsam durchführen:

Checkliste für notwendige Erledigungen in den ersten Wochen nach der Einreise

(zusätzlich zu den im Kapitel „Rechtliche Fragen" beschriebenen Notwendigkeiten)

- Wohnsitz beim Einwohnermeldeamt oder Bürgerbüro anmelden, Steuer-Identifikationsnummer wird dann automatisch zugeteilt
- Kindergeld und Kita-Gutschein beantragen, Anmeldung von Kindern in der Schule
- Bankkonto eröffnen
- Krankenversicherung, Haftpflichtversicherung, Hausratversicherung abschließen
- Führerschein anerkennen und umschreiben lassen, Fahrzeug bei der Kfz-Zulassungsbehörde anmelden
- Anmeldung zum Rundfunkbeitrag
- Strom, Telefon und Internet: Anbieter auswählen, beauftragen
- Polizeiliches Führungszeugnis beantragen, das in vielen Sozial- und Pflegeberufen verlangt wird (zum Beispiel das Europäische Führungszeugnis für EU-Bürger)

2.4.5 Erste finanzielle Unterstützung

Da Arbeitsmigranten meist keine Ersparnisse haben und mitbringen, benötigen Sie in der Zeit bis zur Auszahlung ihres ersten Gehaltes finanzielle Unterstützung, Vorschüsse oder Sachspenden. Lebensmittel, ÖPNV-Tickets, Hygieneartikel, nicht vorhandene Kleidungsstücke wie Winterjacken oder Winterschuhe, Möbel, Elektrogeräte,

Bettwäsche müssen organisiert und (leihweise) zur Verfügung gestellt werden. Fragen Sie die Neuankömmlinge, was ihnen noch fehlt, denn niemand fühlt sich in der Rolle des Bittstellers wohl.

Dies ist eine gute Gelegenheit, um Ihre Stammbelegschaft einzubinden. Wer spendet eine ausgediente Kaffeemaschine? Wer kann ein Regal aufbauen helfen? Wer nimmt die Eingereisten am Sonntag mit zum Gottesdienst in seine Gemeinde? Wer lädt ihre mitgebrachten Kinder zu einem Kindergeburtstag ein? Wer kennt jemanden, der vielleicht ehrenamtlich Deutsch-Konversationskurse leiten möchte? Wenn Sie Ihre Mitarbeiter an dieser Stelle in die Verantwortung nehmen und die Eingewöhnung der ausländischen Fachkräfte zum gemeinsamen Projekt machen, kann von Anfang an ein schönes Gemeinschaftsgefühl entstehen – und Sie als Projektverantwortlicher verschaffen sich mehr Zeit für andere Dinge. Vielleicht veranstalten Sie ja sogar einen Workshop, in dem Ihre Stammmitarbeiter selbst Ideen für eine Willkommenswoche sammeln!? Wichtig ist dabei nur, dass sie freiwillig und aus Gründen der Nächstenliebe die Motivation entwickeln, sich einzubringen. Das geschieht leichter, wenn die Mitarbeiterzufriedenheit grundsätzlich gut ist. Wenn Ihre Teams bereits durch frühere gemeinsame Aktionen ein außerberufliches Zusammengehörigkeitsgefühl entwickelt haben und wenn sie von Anfang an in die Konzeption Ihres internationalen Recruiting-Programms eingebunden waren.

Spätestens bei der Einarbeitung der internationalen Fachkräfte müssen ohnehin alle mit anpacken. Wenn jemand darauf keine Lust hat und das nun auch noch geforderte ehrenamtliche Engagement als zusätzliche Belastung versteht, geht das Ganze nach hinten los. Wenn Sie den internationalen Fachkräften nicht deutlich machen, dass es sich hier um Freundschaftsdienste handelt und nicht um selbstverständliche oder einklagbare Leistungen, kann eine falsche Erwartungshaltung entstehen und Dankbarkeit ausbleiben. Auch das wäre fatal. Es gilt also, für eine gute Balance zu sorgen. Die Bertelsmann-Studie macht Mut mit dem Ergebnis, dass 56 Prozent der befragten Personaler von positiven Reaktionen ihrer Mitarbeiterschaft auf die neuen ausländischen Kollegen berichten, während nur 14 Prozent eine negative Reaktion bemerkt haben.

2.4.6 Phase der Einarbeitung

Auf die Willkommenswoche folgt die Phase der Einarbeitung. Damit auch diese erfolgreich verläuft, kalkulieren Sie dafür unbedingt mehr Zeit und Aufwand ein als für die Einarbeitung einheimischer Mitarbeiter. Eine „Einarbeitungscheckliste" hat sich bewährt. Sorgen Sie dafür, dass Pflegedienstleitungen, Praxisanleiter und Teamleiter in der Phase kurz nach der Ankunft internationaler Fachkräfte keine weiteren Zusatzprojekte auf dem Tisch haben, sondern sich so intensiv wie möglich auf die Einarbeitung konzentrieren können. Denn es ist durchaus eine Herausforderung, den Arbeitsalltag am Laufen zu halten, während „die Neulinge" mitlaufen.

Bilden Sie Teams aus jeweils einem erfahrenen Mitarbeiter und einer ausländischen Fachkraft. Würfeln Sie dabei die Menschen aber nicht wild zusammen, sondern versuchen Sie, Tandems zu finden, die auf irgendeine Art und Weise zusammenpassen. Dasselbe Hobby, Reiseerfahrungen im Herkunftsland der Fachkraft oder dasselbe Alter können eine gute Voraussetzung sein.

Rechnen Sie damit, dass eine ausländische Fachkraft nicht nur während der Einarbeitungsphase, sondern auch in den darauf folgenden Monaten weniger leisten wird und kann, als Sie vielleicht vorgesehen haben. Abgesehen davon, dass sie ohnehin nur als Pflegehilfskraft beschäftigt werden darf, bis die Anerkennung ihres ausländischen Berufsabschlusses erfolgt ist, hat sie mit Eingewöhnung und Heimweh zu tun, absolviert sie während ihrer Dienstzeit ihre Anpassungsqualifizierung und einen Sprachkurs, benötigt sie länger, um Aufgaben zu verstehen und mit Patienten zu kommunizieren. Wie an vielen Stellen im Prozess ist ein gutes Erwartungsmanagement essenziell.

2.5 Integration und Bindung ausländischer Fachkräfte

2.5.1 Anpassungsphase zugestehen – den ausländischen Fachkräften, aber auch den Mitarbeitern

Internationales Recruiting hört nicht mit der Einreise und Einarbeitung der ausländischen Fachkräfte auf – im Gegenteil. Die wichtigste Phase fängt jetzt erst an. Es gilt, die neuen Mitarbeiter gut zu integrieren und langfristig an Ihr Unternehmen zu binden. Strategien der interkulturellen Öffnung, der Willkommenskultur und des Diversity Managements werden jetzt wichtig. Übereinstimmend sagen alle Projektverantwortlichen, mit denen ich gesprochen habe, dass dies die größte Herausforderung sei. Sie hat zwei Perspektiven: Die der ausländischen Fachkräfte, die sich engagiert einbringen. Und die des deutschen Unternehmens, das sich ihnen öffnet.

Interkulturelle Öffnung aus Sicht des Unternehmens ist ein weites Feld, das eine Vielzahl von Maßnahmen beinhaltet: angefangen von der Kantine, die Menüs für ausländische Essgewohnheiten bereithält, über die Öffentlichkeitsarbeit, die die kulturelle Vielfalt im Unternehmen sichtbar macht, bis hin zum Antidiskriminierungstraining, in dem Mitarbeiter für Stolperfallen im Umgang miteinander sensibilisiert werden. Unter Google-Suchworten wie „Diversity Fortbildung" oder „Interkulturelles Training" finden Sie Anbieter solcher Maßnahmen.

Wichtig ist, dass Sie Ihrem Unternehmen, der Stammbelegschaft und den ausländischen Fachkräften eine Anpassungsphase zugestehen. Egal wie gut Sie vorbereitet sind – es wird Turbulenzen geben. Egal wie viele Informationen Sie im Vorstellungsgespräch, in Orientierungskursen oder während der Hospitation bereits vermittelt haben – den Kulturschock können Sie nicht verhindern. Es vergeht mindestens ein Jahr, bis die neuen Mitarbeiter sich wirklich eingelebt haben, und noch länger, bis sie sich in Deutschland zu Hause fühlen. Heilpädagogin Irina (30) aus Spanien beschreibt die Phasen, die eine internationale Fachkraft durchmacht, und den langen Prozess, der durchlaufen werden muss, wunderbar anschaulich: „Sich anpassen, sich mit der deutschen Kultur identifizieren, sich schließlich wohlfühlen und sich irgendwann vorstellen können zu bleiben."

Warum dauert das so lange? Die Gründe sind vielfältig. Junge Arbeitsmigranten, die für einen Ausbildungsplatz in Deutschland ihr Elternhaus verlassen, sind beispielsweise noch mehr als deutsche Auszubildende überfordert damit, plötzlich „auf sich selbst gestellt zu sein". Denn in anderen Ländern ist es üblich, viel länger zu Hause bei der Familie wohnen zu bleiben. Als Arbeitgeber müssen Sie für die jungen Leute also einen Teil der Elternrolle übernehmen oder ihre Abnabelung und Selbstständigkeit durch gezielte Maßnahmen fördern. Und nicht nur das. Aus Ländern wie Spanien oder Albanien, wo eine Jugendarbeitslosigkeit von 25 bis 30 Prozent herrscht, bringen junge Zuwanderer ganz spezielle Prägungen mit. „In der spanischen Wirtschaftskrise wurden viele Menschen entlassen und danach zum halben Gehalt wieder eingestellt. Viele leisten unbezahlte Überstunden", weiß Thorsten Walter von der Diakonie Neuendettelsau: „Wenn ein junger Mensch nun nach Deutschland kommt, um hier einen Freiwilligendienst oder eine Ausbildung zu beginnen, ist er stark verunsichert. Er hat vielleicht vier Jahre lang Bewerbungen geschrieben und nur Absagen bekommen. Das macht etwas mit ihm. Man kann ihn nicht nur physisch aus der Perspektivlosigkeit herausholen, man muss seine Motivation erst wieder wecken. Man muss ihm beibringen, sein Leben selbst in die Hand zu nehmen."

Auch mit dem Klima in Deutschland, besonders im Winter, haben viele Arbeitsmigranten ein Problem – mindestens erfordert es eine totale Umstellung ihrer Lebensgewohnheiten. Es ist nicht damit getan, sich eine Mütze zu kaufen. Mit dem kühleren Wetter geht zum Beispiel einher, dass wir hierzulande früher zu Abend essen als die Bewohner anderer Weltregionen, unseren Vitamin D-Haushalt anders decken müssen als durch Avocados und Sonnenstrahlen und keine Siesta halten. Einen Biorhythmus, der jahrzehntelang auf eine bestimmte Weise getickt hat, stellt man aber, auch wenn man wirklich will, nicht von heute auf morgen um. Der Durchhänger nach dem Mittagessen bei einem Mitarbeiter aus Südeuropa hat nichts mit mangelndem Engagement, sondern vielmehr mit Gewohnheit zu tun – kann aber eine deutsche Pflegestation total durcheinander bringen.

Weitere Themen, bei denen es häufig holpert, sind die Gepflogenheiten beim Kommunikationsstil, bei der Zeitaufteilung und dem Arbeitstempo, beim Nähe-Distanz-Verhältnis zwischen Chef und Fachkraft, zwischen Fachkraft und Fachkraft sowie zwischen Fachkraft und Patient. Die Trennung von Arbeits- und Privatsphäre sowie auch das Verständnis von Hierarchie. Gerade in sozialen Einrichtungen in Deutschland oder in der Schweiz und dort gerade auf den unteren Führungsebenen wird Hierarchie nicht besonders streng gelebt. Teamleitung bedeutet im Arbeitsalltag vor allem, bestimmte Zusatzaufgaben zu übernehmen, aber noch nicht unbedingt, Mitarbeiter aktiv zu führen. Im eingespielten Team weiß jeder selbst, was zu tun ist – für Erklärungen, Experimente oder Feedback-Gespräche ist sowieso keine Zeit. Pflegekräfte, Team- und Praxisanleitungen begegnen sich per Du und auf Augenhöhe – denn wenn es um Krisen, Leben und Tod geht, gibt es Wichtigeres als den Dienstweg. Für Fachkräfte aus dem Ausland aber ist das ungewohnt. Andere Nationen bringen häufig ein stärkeres Hierarchiedenken mit. Führungskräfte, die mit internationalen Fachkräften zu tun haben, müssen also lernen, diese Rolle auszufüllen. Aktiv zu delegieren,

Anweisungen zu erteilen, erledigte Arbeiten zu überprüfen, zu loben, konstruktiv zu kritisieren und zu ermutigen, Verantwortung zu übernehmen.

„Unterschiede gibt es auch beim Verständnis von Gesundheit, Krankheit und Tod", erklärt Jessica Hernández von der Unternehmensberatung contec. „Patienten, die in Deutschland noch pflegebedürftig im Krankenhaus verweilen, gelten in anderen Ländern als so gut wie geheilt und werden nach Hause geschickt. Während Angehörige in Deutschland still trauern, wenn jemand stirbt, lässt man in anderen Ländern seinen Gefühlen freien Lauf oder organisiert eine große Party. Und besonders wichtig für Arbeitnehmer: Während in Deutschland eine sogenannte maskuline Kultur herrscht, in der Leistung und Erfolg zählen, gibt es in anderen Ländern feminine Kulturen, die Soft Skills fördern."

Dann das Klischee von der typisch deutschen Ordnung, Pünktlichkeit und Genauigkeit: Es kommt nicht von irgendwoher. „Deutsche machen gerne Pläne – das gilt auch für den Arbeitsalltag in der Pflege", weiß Jessica Hernández von der Unternehmensberatung contec. „So sind zum Beispiel die Zeiten für das Waschen der Patienten genau festgelegt. Mitarbeiter aus anderen Kulturen fragen sich: ›Warum kann ich den Patienten nicht eine halbe Stunde später waschen?‹" Auch Urlaube plant man in anderen Ländern spontaner als bei uns, wo sich Mitarbeiter mit Kindern schon ein Jahr im Voraus die Sommerferienwochen reservieren.

Solche Unterschiede müssten nicht zum Problem werden, meint die Expertin. „Man muss sie nur sehen und sich fragen: In welchen Punkten können wir Deutschen vielleicht flexibler werden und in welchen möchten wir es nicht?" Dass diese Unterschiede und noch viele mehr im ersten Jahr zutage treten, ist völlig normal. Sie zu ignorieren, zu verdrängen oder so gut es geht darum herumzuschiffen, wäre allerdings ein Fehler. Denn dann staut sich auf beiden Seiten – bei den ausländischen Fachkräften wie auch beim deutschen Arbeitgeber und seiner Stammbelegschaft – Frustration an, die mittelfristig gar nicht anders kann, als zu explodieren.

Integration beginnt daher damit, sich mit den kulturellen Unterschieden auseinanderzusetzen, sie anzusprechen. Sich gemeinsam zu fragen: Welche Unterschiede können wir durch neue Formen der Arbeitsgestaltung ausgleichen und an welchen Punkten möchten wir bei unserem eingespielten Vorgehen bleiben? Integration ist kein einseitiger Prozess („Die ausländische Fachkraft muss sich integrieren"), sondern entsteht, indem sich beide Seiten aufeinander zu bewegen („Die ausländischen und deutschen Fachkräfte beziehungsweise die ausländischen Fachkräfte und die deutschen Patienten müssen sich aneinander gewöhnen"). Gemeinsame Workshops und Teambuilding-Maßnahmen sind der Schlüssel zum besseren Miteinander. Die Stammbelegschaft lernt dabei zu verstehen, dass, wenn etwas nicht wie gewünscht erledigt wird, nicht etwa eine Unfähigkeit der ausländischen Fachkraft dahintersteckt. Meist wurde einfach nicht klar genug kommuniziert, was genau und warum genau so und nicht anders gemacht werden soll.

2.5.2 Einbeziehen von Bewohnern und Angehörigen in den Integrationsprozess

Falls Ihr Unternehmen kein Krankenhaus mit einem hohen Durchlauf an Patienten, sondern ein Pflegeheim ist, in dem tragende Beziehungen zu Bewohnern und ihren Angehörigen aufgebaut werden müssen, ist es sinnvoll, auch die Bewohner und ihre Angehörigen in den Integrationsprozess einzubeziehen. Vermeiden Sie eine Situation, in der ein Enkel ohne Vorwarnung eine neue ausländische Fachkraft am Bett des Großvaters vorfindet, die vielleicht in dem Moment gerade nicht sofort versteht, welches Bedürfnis der alte Herr zu äußern versucht. Das kann nur zu Unverständnis und Ablehnung führen.

Veranstalten Sie proaktiv einen Informationsabend, machen Sie transparent, warum Sie den Weg des internationalen Recruitings ausprobieren wollen (müssen), stellen Sie ihre neuen internationalen Mitarbeiter vor. Deutsche Senioren reagieren erfahrungsgemäß meist sehr offen und interessiert. „In Syrien sagt man, dass die Europäer sehr verschlossen seien, aber so grundsätzlich stimmt das nicht", erzählt Shadi Kedah, der in Berlin an einer Anpassungsqualifizierung für Geflüchtete teilnimmt und in der ambulanten Pflege mitläuft, im Blog „SOZIALE BERUFE kann nicht jeder". „Ich habe viele Ehrenamtliche kennengelernt, die sehr nett zu mir sind. Genauso wie die älteren Damen, die wir versorgen. Sie sagen: ›Na, junger Mann, wie geht es Ihnen? Nehmen Sie sich ein Stück Kuchen aus dem Kühlschrank!‹ Sogar im Bus hat mich neulich eine Seniorin angesprochen und wir haben über Politik geredet."

2.5.3 Zufriedenheit als wichtiger Faktor der Integration

Damit Integration gelingt, ist es wichtig, ständig im Gespräch zu bleiben. Wo hat etwas schon ganz gut funktioniert? Schärfen Sie Ihren Blick für die kleinen Erfolge! Die Bertelsmann-Studie lenkt den Blick darauf, dass ausländischen Fachkräften zwar Fachwissen und Praxiserfahrungen fehlen, ihre Sozialkompetenz aber als gleich hoch wie die der Stammbelegschaft eingeschätzt wird und ihre Einsatzbereitschaft von der Hälfte der befragten Personaler sogar als höher.

Wo hingegen knirscht es noch? Sprachkurse und Konversationsgruppen auch für Migranten, die bereits recht gut Deutsch sprechen, sind immens wichtig. Denn im Arbeitsalltag muss es schnell gehen, da „wurschtelt man sich durch". Es bleibt keine Zeit, sprachbedingte Missverständnisse auszudiskutieren. Das muss an anderer Stelle passieren. Und wie wäre es mit einem Sprachkurs Vietnamesisch oder Spanisch (je nach Herkunftsland der internationalen Fachkräfte) für Ihre deutschen Mitarbeiter? Auch dabei entsteht mehr Verständnis für die Integrationsleistung der Arbeitsmigranten auf der einen Seite und ein Gefühl von echtem Interesse bei der Stammbelegschaft auf der anderen Seite.

Ein weiterer wichtiger Faktor für eine gelingende Integration ist die innere Zufriedenheit. Eine Fachkraft aus dem Ausland, die zum Beispiel unterschwellig mit ihrer Wohnsituation hadert, weil sie ihren WG-Mitbewohner nicht mag, integriert sich nicht wirklich. Fragen Sie immer wieder nach, ob die neuen Mitarbeiter diesbezüglich klarkommen. Manche bleiben jahrelang im Schwesternwohnheim wohnen, weil sie einen Großteil ihres Gehalts nach Hause schicken (müssen). Sie sparen an allem, gönnen sich nichts und sehen ihre Arbeit in Deutschland als Dienst für die Familie in der Heimat. Dieses aufopfernde Aushalten darf aber nicht mit einer gelungenen Integration verwechselt werden. Im Gegenteil, machen Sie solche Mitarbeiter darauf aufmerksam, dass sie nur dann, ohne einen Burnout zu bekommen, langfristig für ihre Familie in der Heimat sorgen können, wenn sie sich selbst auch einmal etwas Komfort gönnen, vielleicht in eine eigene kleine Wohnung ziehen und sich ein angenehmes Leben aufbauen.

Dasselbe wie für die Wohnsituation gilt für die Einsatzstelle, die Sie für eine internationale Fachkraft ausgesucht haben: Es gibt keine Garantie dafür, dass sie sich dort wohlfühlt, wo sie zufällig

„hingepflanzt" wurde. Im Gegenteil, es wäre eher ein erstaunlicher Zufall, wenn der erste Arbeitsplatz gleich perfekt passen würde. Wer aus einer landwirtschaftlichen Region in Osteuropa kommt, fühlt sich vielleicht in der Stadt nicht wohl, Nachwuchskräfte halten es vielleicht in der Provinz nicht aus. Zurückhaltende Asiaten könnten in einer Teamatmosphäre, die von derbem Humor geprägt ist, untergehen. Der eine ist besser in der ambulanten Pflege aufgehoben, der andere besser auf Station. Das alles gilt natürlich auch für deutsche Fachkräfte: Ein wirksames Mittel, um sie zu langjähriger Treue zum Arbeitgeber zu bewegen, ist es, das perfekt passende Team, die perfekt passende Einrichtung, die perfekt passende Aufgabe und das perfekt passende Arbeitsfeld für jeden zu finden. Nehmen Sie sich ausreichend Zeit dafür! Denn der Unterschied zwischen deutschen und ausländischen Fachkräften ist, dass ein Muttersprachler seine Unzufriedenheit mit einem Job sprachlich äußern kann. Eine Fachkraft aus dem Ausland hat dafür vielleicht noch nicht genügend Worte oder möchte nicht undankbar erscheinen. Innerlich hat sie aber vielleicht schon längst gekündigt.

Manchmal sind es die kleinen Dinge, die den Unterschied ausmachen. Man fühlt sich eben einfach nicht wohl und kann gar nicht genau sagen, warum. Und anderswo fühlt man sich besser. Thorsten Walter von der Diakonie Neuendettelsau berichtet von einer vietnamesischen Pflegekraft, die in der Einrichtung, in der sie ihre Anpassungsqualifizierung absolvierte, nicht klarkam. Bei einer Hospitation in einer anderen Einrichtung des Trägers entstand dagegen schnell Kontakt zu einem deutschen Mitarbeiter, der bereits einmal in Vietnam gewesen war. Und schon war der perfekte Arbeitsplatz für die Vietnamesin gefunden. Das dürfen Sie gerne auch als Anregung verstehen, mit Ihren deutschen Teams, in denen die ausländischen Fachkräfte untergebracht werden sollen, einmal in deren Heimatland zu fahren oder zumindest Bildungsreisen in dieses Land zu bezuschussen, um mehr Anknüpfungspunkte zu schaffen. Die Diakonie Neuendettelsau plant übrigens, die vietnamesischen Fachkräfte des ersten Projektdurchlaufs als Mentoren für die Teilnehmer des zweiten Projektdurchlaufs einzusetzen.

Dass die Integration auf einem guten Wege ist, merken Sie daran, dass der ausländische Mitarbeiter, nachdem er aus dem Heimaturlaub zurückgekehrt ist, zu Ihnen sagt: „Ich fühle mich gar nicht mehr wie ein Spanier! Ich musste eine Stunde auf den Bus warten, das hat mich früher nie gestört. Aber nachdem ich es jetzt in

Deutschland anders gewohnt bin, konnte ich es gar nicht mehr ertragen." Solche kleinen Momente der Erkenntnis sind es, die beiden Seiten vor Augen führen, dass etwas im Fluss ist. Jeder Arbeitgeber, der im internationalen Recruiting aktiv ist, konnte mir davon berichten. Und auch jede ausländische Fachkraft, mit der ich sprach. „Was ich gut finde, ist, dass man in Deutschland sehr direkt sagt, was man denkt", erklärt der geflüchtete Syrer Shadi Kedah, der in Berlin auf einen Studienplatz für Medizin wartet. „Wenn einem das Essen nicht schmeckt oder wenn ich einen Fehler bei der Pflege mache. In Syrien wäre das unhöflich. Aber hier weiß man, woran man ist – auch durch die vielen Regeln."

Ein gutes Zeichen ist es auch, wenn Ihre internationalen Fachkräfte von ganz alleine auf die Idee kommen, die deutschen Kollegen zu einem „Heimatabend" mit Musik, Essen und Geschichten aus Spanien, Albanien oder Ungarn einzuladen. Offensichtlich ist ihnen dann klargeworden, dass Integration nicht von alleine passiert, sondern dass jeder Einzelne etwas dafür tun muss.

Was Unterstützung bei der Integration im Detail bedeutet: „Kommunikation ist das A und O für erfolgreiches internationales Recruiting"

László Schneider ist Geschäftsführer der Personalagentur EUPaRS (eupars.com). Als Ein-Mann-Unternehmer rekrutiert er seit zwei Jahren Hebammen und Pflegefachkräfte aus Weißrussland, der Ukraine, Rumänien und Ungarn für Kliniken in Brandenburg und als Altenpflegerinnen in der häuslichen Pflege. Gelegentlich auch mal einen Mann. Sein Erfahrungsbericht zeigt, welche umfangreiche Betreuung internationale Fachkräfte zu Beginn brauchen.

Herr Schneider, wie läuft ein Vermittlungsprozess bei EUPaRS ab?

Ich verbreite die Stellenausschreibungen der deutschen Arbeitgeber über soziale Netzwerke. Damit ist nicht nur Facebook gemeint. In jedem Partnerland gibt es eigene Netzwerke oder Foren, die ähnlich wie E-Bay Kleinanzeigen funktionieren oder in denen sich Krankenpflegerinnen online austauschen. Die eingehenden Bewerbungen sortiere ich nach den vom Arbeitgeber festgelegten Auswahlkriterien vor. Von Anfang an habe ich die gesamte Lebenssituation der Fachkraft im Auge: Hat sie einen Partner, hat sie Kinder, hat sie Schulden – zum Beispiel einen sogenannten Forex-Kredit? Viele Bewerberinnen bedenken nicht, welche Probleme das mit sich bringen kann. Wenn der Ehepartner nicht mitkommen möchte oder überhaupt nicht möchte, dass die Bewerberin nach Deutschland geht, rate ich ihr, das erstmal zu klären. Auf keinen Fall leiste ich Überzeugungsarbeit beim Partner oder bei der Fachkraft selbst. Im Gegenteil, ich betone, dass es schwer werden wird. Die Entscheidung, nach Deutschland zu gehen, muss unbedingt freiwillig und gut informiert gefällt werden. Wenn die Familie die Fachkraft nicht unterstützt, ist die Chance, dass sie durchhält, gering. Es wird ja ständig nach Hause berichtet. Beim ersten kleinen Problem sagen die Verwandten: „Komm doch zurück!" Dann kommt es häufig zu Kurzschlussentscheidungen.

Wenn die Bewerberin Kinder hat, auch erwachsene, frage ich sie: Wissen und verstehen deine Kinder, dass du nach Deutschland gehen willst? Wie willst du sie unterstützen, wenn sie Probleme haben? Wenn sie dann meint, das ginge per Internet, erinnere ich sie daran, in ihren monatlichen Ausgaben einen Internetanschluss einzuplanen. Wenn sie mit ihrem Gehalt als Fachkraft in Deutschland Kredite abbezahlen will, sage ich ihr, dass das nicht funktionieren wird. Das Geld, was sie verdient, geht gerade in der Anfangsphase für die Deckung der Lebenshaltungskosten in Deutschland drauf.

Ist internationales Recruiting nur für bestimmte Positionen zu empfehlen?

Die Rekrutierung von Altenpflegerinnen und Reha-Pflegekräften ist problematisch, weil es diese Berufe in vielen osteuropäischen Ländern nicht oder erst seit Kurzem gibt. Relativ neu und extrem steigend ist die Nachfrage aus der häuslichen Pflege. Von einer Pflegedienstleitung (PDL) aus dem Ausland habe ich noch nicht gehört. Diese Position besetzen meist Deutsche mit Hochschulabschluss, denn sie müssen sich sehr gut mit dem deutschen Recht auskennen. Das Problem der deutschen PDLs ist, dass es noch keinen Fachkräftemangel gab, als sie ihren

2. Die Umsetzung: Jetzt geht's los!

Beruf gelernt haben. Die Situation ist in diesem Ausmaß für sie neu und sie konnten keine Strategien üben und haben keine Ressourcen für Experimente.

Vom Recruiting von Auszubildenden halte ich persönlich nicht allzu viel. Meiner Meinung nach ist es einfacher, einer ausländischen Krankenpflegerin, die gut in ihrem Job ist, Deutsch beizubringen, als einer ausländischen Person, die ganz gut Deutsch spricht, aber keine Ahnung von Pflege hat, den inhaltlichen Teil beizubringen. Ich kenne ein Projekt mit ausländischen Auszubildenden in einer Klinik, die den Abschluss zur Pflegefachkraft nicht geschafft haben, weil die notwendigen Voraussetzungen wie ausreichende Deutschkenntnisse schon zu Beginn der Ausbildung nicht gegeben waren.

Was sollte man über die ausländischen Pflege-Fachkräfte wissen?

Einerseits gibt es ein großes Potenzial: In Ungarn lernen alle Kinder in der Schule Deutsch, außerdem gibt es die große Gruppe der Donauschwaben mit deutschen Vorfahren. Seit dem Brexit ist eine Strömung von Fachkräften aus Großbritannien entstanden, die sich nach Frankreich und Deutschland umorientieren, weil völlig ungewiss ist, ob sie in Zukunft weiter in Großbritannien leben und arbeiten dürfen. Das sind unter anderem Polen, Tschechen und Slowaken.

Andererseits darf man aber auch nicht annehmen, dass die Fachkräfte nach Deutschland kommen, weil sie wollen. Sie kommen, weil sie müssen. Viele waren noch nie im Ausland. Sie wissen nicht, wie es ist, sich anderswo zurechtzufinden, geschweige denn, anderswo zu leben. Falsche Erwartungen an ihre Aufgaben in der Pflege oder an den zu erwartenden Verdienst können dazu führen, dass der Neustart nicht funktioniert. Gegenüber einem Ingenieur, der üblicherweise bei technischen Themen englisch mit ausländischen Kollegen spricht, ist es für Krankenschwestern kein typisches Berufsmerkmal, mehrere Sprachen zu sprechen. Weil die Auftraggeber das inzwischen wissen, wird eine Provision für die Vermittlung in mehreren Teilen gezahlt. Die letzte Rate erst, wenn die Fachkraft nach zwölf Monaten immer noch in der Klinik arbeitet.

www.WALHALLA.de   129

Um die Zukunftspläne der Fachkräfte zu verstehen, muss man verschiedene Faktoren einbeziehen. Die sogenannte Maslowsche Bedürfnispyramide zeigt, was der Mensch braucht, um sich wohlzufühlen. Das beginnt ganz unten in der Pyramide mit den physiologischen Bedürfnissen wie Nahrung, Wohnung und – auf der nächsten Stufe – Sicherheit. Weiter oben kommen Sozialkontakte und Anerkennung hinzu. Die ukrainischen und weißrussischen Fachkräfte möchten häufig langfristig in Deutschland bleiben, weil ihre Grundbedürfnisse in ihrer Heimat nicht erfüllt werden. Die Ungarn und Portugiesen dagegen vermissen in ihrem Heimatland vor allem die Anerkennung für das, was sie beruflich leisten. Wenn sie eine Weile in Deutschland gewesen sind und beruflichen Erfolg hatten, bekommen sie die Anerkennung auch in der Heimat. Dann können sie zurückgehen.

Ein zweiter Faktor sind die Gesellschaftsstrukturen. Ungarn sind wie die Deutschen eher Individualisten. Sie finden sich schneller alleine zurecht, versäumen es aber, sich sozial zu integrieren und unterstützen einander nicht. Polen und Russen kommen aus kollektivistischen Völkern, in denen die Familie eine große Rolle spielt. Sie suchen Anschluss an andere Menschen aus ihrem Kulturkreis in Deutschland und finden so eine gewisse Stabilität. Der Nachteil: Sie kommen mit dem Individualismus der Deutschen nicht zurecht, bilden Kulturkreise und bleiben unter sich.

Wie kann man sicherstellen, dass die Fachkräfte in Deutschland bleiben?

Indem man sich um sie kümmert und den Recruiting-Prozess nicht für beendet hält, nur weil die Fachkräfte ihre Arbeit angetreten haben. Ich kümmere mich offiziell um Sozialversicherung, Steuernummer, Kindergeld, Transport und Unterkunft. Aber es kommt auch vor, dass ich am Wochenende eine Ladung Möbel aus einer Haushaltsauflösung abhole und sie den ausländischen Fachkräften in die Wohnung bringe. Oder dass ich mit ihnen übe, ein S-Bahn-Ticket zu kaufen. Neulich stellte sich heraus, dass eine Fachkraft den Monatspreis für ein ÖPNV-Ticket für den Preis für eine Einzelfahrt gehalten hatte. Deshalb hatte sie sich seit Monaten nur in einem ganz kleinen Radius bewegt.

Um solche Probleme frühzeitig aufzudecken und gegensteuern zu können, führe ich regelmäßig Orientierungsgespräche mit

2. Die Umsetzung: Jetzt geht's los!

allen Beteiligten. Mit den Geschäftsführern, die mich beauftragt haben, mit den Bereichsleitern, für die die Fachkräfte arbeiten, und auch mit den Fachkräften selbst. Und dann vermittele ich zwischen ihnen. Kommunikation ist das A und O für erfolgreiches internationales Recruiting. Ich sage der Fachkraft: Wenn du nicht mit den Kollegen redest, nehmen sie dich nicht ernst. Dem Bereichsleiter erkläre ich: Die Fachkraft traut sich einfach nicht, Deutsch zu sprechen, weil sie Angst hat, inkompetent zu klingen, wenn sie Fehler macht. Eine so intensive Begleitung kann man als Personalagentur nicht für hunderte von Fachkräften leisten. Seriöse Vermittler versprechen darum nicht zu viel.

Kann man sagen, einem seriösen Vermittler liegen die Einzelschicksale am Herzen?

Ja, es ist durchaus meine Motivation, Menschen zu helfen und einen sinnvollen Beitrag zur Gesellschaft zu leisten. Gerade heute hatte ich den Fall, dass eine Frau, die ich als Krankenpflegehelferin an eine Klinik in Brandenburg vermittelt habe, ihre Kündigung einreichen wollte. Sie verdient 900 Euro netto und kann davon neben der Miete und anderen Ausgaben ihre drei Kinder nicht unterstützen. Eigentlich bekäme sie zusätzlich Kindergeld, doch das Antragsverfahren zieht sich schon monatelang hin. Trotzdem ist die Kündigung eine Kurzschlusshandlung, wie sie für ausländische Fachkräfte typisch ist, denn die Frau steht kurz vor ihrer Deutschprüfung für das Level B2. Wenn sie dieses nachweisen kann, würde sie sofort als vollwertige Krankenpflegerin eingestellt werden und auch mehr verdienen. Bisher leistet sie laut ihrer Vorgesetzten hervorragende Arbeit und wird sehr wertgeschätzt. Ich habe also mit ihr telefoniert, mir ihre Sorgen schildern lassen und ihr Mut gemacht. Dann habe ich den Geschäftsführer der Klinik angerufen und ihm die Situation erklärt. Dass die Frau gut im Job ist und dass sie keinesfalls undankbar ist. Er hat schon sehr viel für sie getan hat, aber trotzdem hat sie pro Tag nur zehn Euro zum Leben zur Verfügung. Als Lösung habe ich vorgeschlagen, dass die Klinik der Frau das Kindergeld vorstrecken könnte. Sie kann es zurückzahlen, sobald der Antrag durch ist. Die Klinik hat der Lösung zugestimmt und die Auszahlung veranlasst. Nun muss ich mich darum kümmern, dass die Vereinbarung schriftlich festgehalten wird.

Hilft es, eine Art Integrationsbeauftragten für die ausländischen Fachkräfte einzustellen?

Ja, das hilft, denn Menschen, die einen Neustart wagen, brauchen einen Anker. Einen Ansprechpartner für organisatorische, aber auch seelische Belange, jemanden, bei dem sie sich in ihrer Muttersprache einmal „auskotzen" können, ohne Angst haben zu müssen, deswegen gleich gekündigt zu werden. Krankenpflegerinnen sind keine Maschinen, die funktionieren, solange sie Geld dafür bekommen. Aber auch beim Thema Integrationsbeauftragter kann man als Arbeitgeber viele Fehler machen. Wenn die Person, die sich kümmern soll, die Muttersprache der Fachkräfte nicht spricht, wird sie ihr Vertrauen nicht gewinnen. Wenn sie sich zu viel kümmert, werden die Fachkräfte nie selbstständig. Und wer sich abhängig fühlt, ist unzufrieden. Wenn sich die Integrationsbeauftragte nur um die organisatorischen Belange kümmert, aber nicht darum, die Fachkräfte sozial zu integrieren, indem sie sie zum Beispiel in der örtlichen Frauenfußballmannschaft unterbringt, geht das auch nicht lange gut.

Die Betreuung muss einen pädagogisch fundierten Ansatz der Hilfe zur Selbsthilfe verfolgen. Ich kenne ein Beispiel eines gescheiterten Projektes, wo eine Integrationsbeauftragte in einer Klinik den ausländischen Fachkräften alles abgenommen hat: Sie hat ihnen beim Autokauf geholfen, beim Eröffnen eines Kontos. Immer, wenn die Fachkräfte ein Problem hatten, haben sie gar nicht erst versucht, selbst eine Lösung zu finden, sondern die Integrationsbeauftragte angerufen. Irgendwann entstand eine unangemessene Erwartungshaltung. Die Fachkräfte riefen an, weil ihnen in ihrer ohnehin schon komplett vom Arbeitgeber gestellten Wohnungsausstattung ein Bügeleisen fehlte und sie annahmen, das werde man nun auch noch für sie besorgen. Am Ende ging das trotz allen Engagements nicht gut, die Hälfte der rekrutierten Fachkräfte hat die Klinik bald wieder verlassen.

Man hört mehr über gescheiterte als über erfolgreiche Programme. Sie als Personalagentur investieren sehr viel Zeit und Aufwand in einzelne Fachkräfte und wissen nicht, ob sich das Geschäftsmodell langfristig tragen wird. Lohnt sich das Ganze überhaupt?

Das Hauptproblem ist, dass bei der Konzeption der internationalen Recruiting-Programme übersehen wird, dass wir Menschen

Zeit brauchen, um mit Veränderungen klarzukommen. Wenn man sich mit dem Thema Change Management beschäftigt, lernt man, dass es verschiedene Phasen gibt, die jeder Mensch durchläuft, wenn er eine Veränderung erlebt. Das passiert auch mit deutschen Arbeitnehmern, wenn man ihnen einen neuen Chef vorsetzt oder ein Unternehmen umstrukturiert. Mit den ausländischen Fachkräften ist das nicht anders. Zuerst kommt die Euphorie: „Super, ich wurde angenommen!" Dann kommt der Realitätsschock oder die Ernüchterung: Die Fachkraft versteht, welche Konsequenzen die Veränderung mit sich bringen wird, um was sie sich alles kümmern muss. Dann kommt eine Phase der inneren Blockade, in der sie sich fragt, ob die Entscheidung, nach Deutschland zu gehen, richtig war. Irgendwann beginnt sie sich zu orientieren, ihre sozialen Kontakte neu zu ordnen, sich vor Ort einzuleben. Wir müssen den ausländischen Fachkräften die Zeit geben, diese Phasen in ihrem eigenen Tempo zu durchlaufen, wenn wir sie halten wollen. Das Konzept des Rekrutierungsprogramms muss flexibel genug sein, um die Bedürfnisse in den verschiedenen Phasen zu berücksichtigen. Gleichzeitig muss es stabil genug sein, um Halt und Orientierung zu geben. Viele deutsche Unternehmen scheitern an Change Prozessen, auch ohne dass ausländische Fachkräfte involviert sind. Wenn hier mehr Know-how an Bord geholt werden würde, würde vieles besser laufen – auch das internationale Recruiting.

2.5.4 Installation eines Integrationsbeauftragten

Wie im Interview angesprochen, ist ein wichtiger Faktor für eine gelungene Integration ein Integrationsbeauftragter. Einen solchen einzustellen kostet zusätzlich Geld und macht Ihr internationales Recruiting-Projekt noch teurer. Allerdings muss die Person je nach Anzahl der zu betreuenden Migranten nicht in Vollzeit beschäftigt werden. Die Diakonie Neuendettelsau beschäftigt ihre Integrationsbeauftragte für die sechs vietnamesischen Fachkräfte in Teilzeit mit zehn Stunden pro Woche. Einmal pro Woche soll sie für jede Fachkraft zur Verfügung stehen.

Bedenken Sie: Wenn die Integration nicht gelingt, verlassen die mühsam angeworbenen und nach Deutschland geholten Fachkräfte Ihr Unternehmen oder unser Land nach wenigen Monaten wieder, und alle Bemühungen waren umsonst.

In kleineren Einrichtungen mit einem niedrigeren Durchlauf an internationalen Fachkräften kann alternativ auch der Projektverantwortliche die Integrationsarbeit übernehmen. In größeren Unternehmen gibt es vielleicht schon einen Diversity Manager, zu dessen Kernaufgaben sie gehört. In Einrichtungen, die zu kirchlichen oder gemeinnützigen Trägern gehören, finden sich eher Ehrenamtliche, die dem Integrationsbeauftragten zur Hand gehen.

Das Arbeitsaufkommen schwankt stark: Während es in den Wochen rund um die Einreise der internationalen Fachkräfte hoch ist, beschränkt es sich später auf die Erreichbarkeit in Notfällen.

Dringend zu beachten ist das Problem, auf das bereits in mehreren Erfahrungsberichten hingewiesen wurde: Dass ein Integrationsbeauftragter, der sich zu viel kümmert, auch das Gegenteil des Gewünschten bewirken kann: Die internationalen Fachkräfte verlassen sich auf ihn, werden nicht selbstständig und integrieren sich in der Folge auch nicht. Ein Integrationsbeauftragter, der dauerhaft nur in der Muttersprache mit seinen Schützlingen spricht, konterkariert die Bemühungen ihrer Sprachlehrer. Daher muss die Person ein Gespür dafür entwickeln, wie sie „Hilfe zur Selbsthilfe" leisten kann und den Zeitpunkt nicht verpasst, an dem die deutschen Sprachkenntnisse der internationalen Fachkraft ein Niveau erreicht haben, auf dem die Muttersprache im Alltag langsam „ausgeschlichen" werden kann.

Da die Arbeit des Integrationsbeauftragten durchaus einige Kenntnisse und Kompetenzen erfordert, bietet zum Beispiel das Welcome Center Sozialwirtschaft Baden-Württemberg eine „Ausbildung zum internen Integrationsbeauftragten" an.

Aufgaben eines Integrationsbeauftragten

- Anwesenheit bei den Vorstellungsgesprächen
- Zusammenstellung einer Willkommensmappe mit Adressen von Behörden, Banken, Supermärkten, Ärzten, mit Infos zur Region
- Bildung von passenden Tandems aus je einem langjährigen Mitarbeiter und einer internationalen Fachkraft (möglichst ähnliche Interessen)
- Unterstützung bei der Wohnungssuche

- Unterstützung beim Familiennachzug, bei der Suche eines Arbeitsplatzes für den Lebenspartner, bei der Suche eines Schul- oder Kindergartenplatzes für den Nachwuchs
- Unterstützung bei Behördengängen
- Empfang der ausländischen Mitarbeiter am Flughafen, Begleitung in die Unterkunft, Sorge für einen angenehmen ersten Tag (Essen, Möglichkeit des Anrufs zu Hause/Beschaffung einer deutschen SIM-Karte, Erläuterung der nächsten Schritte am nächsten Tag)
- Empfang der ausländischen Mitarbeiter am ersten Arbeitstag, Begrüßungsrundgang, enge Begleitung an den ersten Tagen
- Kulturspezifische Willkommensgesten, die das Ankommen erleichtern (Beispiel: ein Sack Reis als Begrüßungsgeschenk für asiatische Fachkräfte)
- Erreichbarkeit im Notfall, Unterstützung bei individuellen Problemen
- Vermittlung zwischen den verschiedenen Beteiligten (Fachkraft, Personalabteilung, Stationsleitung, Geschäftsführung, Teamkollegen, …); Erläuterung der Organisationsstruktur und Zusammenhänge, die viele ausländische Fachkräfte nicht verstehen (wer ist wofür zuständig?)
- Regelmäßige Feedbackgespräche, frühzeitiges Eingreifen bei Problemen
- Organisation von Ausflügen, Kulturprogramm, Begegnungs-Events, Teambuilding-Maßnahmen

2.5.5 Familiennachzug

Auch der Familiennachzug wird in der Mitarbeiterbindungsphase zum Thema. Laut der Bertelsmann-Studie kommen nur 18 Prozent der ausländischen Fachkräfte gleich mit Ehepartner und Kindern nach Deutschland, 58 Prozent ziehen erst einmal alleine zu.

Folgende Konstellationen mit unterschiedlichen gesetzlichen Vorgaben sind möglich:

- Wenn Ihr internationaler Mitarbeiter EU-Bürger ist und sein Ehepartner ebenfalls, können Ehepartner und Kinder ohne Einschränkung in Deutschland leben und arbeiten.
- Wenn der Ehepartner eines EU-Bürgers aus einem Drittstaat kommt, benötigt er ein Visum zum Zwecke des Ehegattennachzugs – es sei denn, er hat bereits einen Aufenthaltstitel aus einem anderen EU-Mitgliedstaat.

- Kommt Ihr internationaler Mitarbeiter aus einem Drittstaat, aber sein Ehepartner aus der EU, kann der Ehepartner ebenfalls ohne Beschränkungen in Deutschland leben und arbeiten.

- Kommen beide Partner aus einem Drittstaat, bekommt der nachfolgende Ehepartner seinen Aufenthaltstitel, wenn die bereits in Deutschland arbeitende Person eine Aufenthalts- oder Niederlassungserlaubnis hat, eine genügend große Wohnung, eine Krankenversicherung, und eine Arbeit, um die Familie finanziell zu versorgen. Der nachfolgende Partner muss einfache Deutschkenntnisse nachweisen und volljährig sein. Zu diesen Regelungen gibt es einige Ausnahmen, die unter make-it-in-germany.com nachzulesen sind.

- Minderjährige Kinder dürfen immer nachkommen, wenn beide Elternteile eine Aufenthaltserlaubnis in Deutschland haben. Alleinerziehende brauchen eine Erlaubnis des zweiten sorgeberechtigten Elternteils.

- Nach einem Aufenthalt von fünf Jahren mit einer befristeten Aufenthaltserlaubnis können Arbeitsmigranten aus Drittstaaten eine unbefristete Aufenthaltserlaubnis (Niederlassungserlaubnis) beantragen. Dazu sind einige weitere Bedingungen zu erfüllen, zum Beispiel müssen sechzig Monate lang Beiträge für die Rentenversicherung gezahlt worden sein. Auch in Sachen Niederlassungserlaubnis gibt es Ausnahme- und Sonderregelungen.

2.5.6 Personalentwicklung, Weiterentwicklung des Mitarbeiters

Ein weiteres wichtiges Stichwort zum Thema Mitarbeiterbindung lautet: Personalentwicklung. Professionell und strukturiert durchgeführt, ist sie auch für den deutschen Nachwuchs ein wichtiger Punkt bei der Entscheidung für einen Arbeitgeber. Ausländische Mitarbeiter haben erst recht häufig den Wunsch, sich weiterzuentwickeln. Geben Sie sich nicht der Illusion hin, dass sie nach Deutschland kämen, um die Jobs zu machen, die hier keiner machen will. Das Problem ist nicht nur die Konkurrenz anderer Pflegeunternehmen, die vielleicht mehr zahlen oder an einem attraktiveren Standort angesiedelt sind. Hintergrund ist oft auch, dass die ausländischen Fachkräfte für Aufgaben qualifiziert sind und Kompetenzen mitbringen, die hierzulande in den Bereich der Ärzte fallen. Wie wir schon gehört haben, bringen sie meist einen Bachelorabschluss und ein breites theoretisches Wissen im Bereich der Medizin mit. Sie sind zwar bereit, für eine Chance in Deutschland einen Schritt zurückzutreten, aber nur, um von dort aus im zweiten Anlauf durchzustarten. Als Beispiel sei der Fall eines Radiologieassistenten aus Spanien genannt, der zunächst bereitwillig als Altenpfleger in München untergekommen ist. Über das europäische Jobportal Eures sucht er aber nun eine Stelle als Fachkraft in der Radiologie und bittet Arbeitgeber, sich ausschließlich mit solchen Angeboten an ihn zu wenden.

Arbeitgeber berichten von ausländischen Fachkräften, die sehr genau formulieren können, an welchen Kompetenzen es ihnen noch mangelt und wo sie Weiterbildungsbedarf sehen, um ihre Karriere zu befeuern. In der schon vielfach zitierten Bertelsmann-Studie betont eine Geschäftsführerin eines Anbieters anspruchsvoller häuslicher Pflege, dass „gerade die häusliche Pflege für Pflegefachkräfte aus Südeuropa gut geeignet sei, weil hier der Tätigkeitsschwerpunkt weniger auf Grundpflege und Betreuung liege. Behandlungspflege, medizinische Aspekte und das weitgehend selbstständige Arbeiten kämen den Erwartungen und Erfahrungen des akademisch qualifizierten Personals aus dieser Region entgegen. Das Vorbild der hochqualifizierten südeuropäischen Pflegefachkräfte könne sogar die einheimischen Mitarbeiter dazu motivieren, sich fachlich weiter zu qualifizieren.“

Wenn Sie nun einwenden: „Ja, aber ich brauche doch klassische Pflegekräfte! Wenn die neuen Mitarbeiter aus dem Ausland diese Stellen auch nicht haben wollen, werde ich meine Lücken ja nie schließen. Dann brauche ich auch niemanden herzuholen", entgegne ich darauf, dass wir mit dieser kurzsichtigen Einstellung anderen Ländern weit hinterherhinken. Ich habe soziale Einrichtungen in den USA besucht, in denen dem Management völlig klar war, dass ein Sozialarbeiter nach dem Studium maximal drei Jahre lang an der Basis direkt mit Menschen arbeiten, bevor er sich in Richtung Projektleitung weiterentwickeln wird. Die Lücken werden rechtzeitig antizipiert und mit nachrückenden Absolventen des Studiums der sozialen Arbeit aufgefüllt. So ist ein funktionierender Kreislauf entstanden, der alle Seiten zufriedenstellt. Er wird durch die Grundeinstellung am Laufen gehalten, dass Sozial- und Gesundheitsarbeit nicht durch erstarrte Strukturen und Belegschaften, sondern durch eine gesunde Fluktuation und Aufwärtsbewegung, eine ständige Einspeisung an frischen Ideen, wissenschaftlichen Erkenntnissen und unverbrannten Personalressourcen qualitativ hochwertig und zukunftsfähig gemacht wird. Diese Einstellung täte auch dem deutschen Sozial- und Gesundheitswesen, insbesondere mit Blick auf die internationale Rekrutierung, gut.

Personalentwicklung und lebenslanges Lernen: „Für meine Fortbildung verzichte ich sogar auf meinen Urlaub!"

Luminita Iancu (37), die ihre Geschichte im Blog „SOZIALE BERUFE kann nicht jeder" erzählt, hat in ihrer Heimat Rumänien Abitur und eine Krankenpflegeausbildung gemacht und in diesem Beruf gearbeitet, bevor sie 2003 mit ihrem Mann nach Deutschland kam. Als Hilfskraft in der Pflege war sie hier erstmal unzufrieden, ist aber nach einem Anpassungslehrgang durchgestartet. Sie qualifiziert sich ständig weiter und zeigt deutschen Arbeitgebern, mit welchen Karriereplänen und welcher immer wachen Motivation ausländische Fachkräfte einreisen.

Frau Iancu, wie kamen Sie auf den Berufswunsch Krankenpflegerin?

Das liegt bei uns in der Familie. Meine Nichte, die bei uns wohnt, arbeitet auch schon als Hilfskraft in der Pflege und kann sich vorstellen, eine Ausbildung dort zu machen. Ich selbst wollte ja eigentlich Medizin studieren, aber das hab ich dann nicht geschafft und jetzt bin ich zu alt und habe keine Lust mehr, so viel zu lernen!

Wie war Ihr Einstieg in Deutschland?

Ich habe als Hilfskraft in der Pflege gearbeitet und durfte die Patienten nur waschen und anziehen und solche Dinge. Das hat mir nicht gereicht, denn in Rumänien habe ich als Krankenpflegerin die Blutabnahme gemacht, Medikamente verabreicht, war bei der Visite dabei. 2004 habe ich meine Papiere zur Regierung geschickt, dann hat das sehr lange gedauert, bis ich eine Antwort bekam. Darin stand, dass ich noch sechs Monate Praktikum in einem Krankenhaus oder einen Anerkennungslehrgang machen muss, dann eine praktische Prüfung, und dann kann ich auch in Deutschland als vollwertige Krankenpflegerin arbeiten.

Hat es Sie geärgert, dass Sie noch einmal eine Prüfung machen mussten, obwohl Sie schon fertig ausgebildet waren?

Ja, schon. Aber dann hat mir der Anerkennungslehrgang doch sehr viel Spaß gemacht und ich habe das gut im Griff gehabt

und viele neue Dinge gelernt, vor allem bezüglich der Pflege-
gesetze. Denn die praktische Arbeit kannte ich ja aus Rumänien,
aber die Gesetze sind hier anders.

Und wie läuft es jetzt?

Auch vollwertige Krankenpfleger dürfen in Deutschland manche Dinge nicht machen, die ich in Rumänien machen durfte:
intravenöse Spritzen geben oder ein Butterfly legen, das macht
hier der Arzt. Aber ich bin jetzt gleichberechtigt mit den deutschen Pflegerinnen. Ich mache gerade noch eine Fortbildung
zur Wundexpertin, dafür verzichte ich sogar auf meinen Urlaub!
Und danach will mich mein Chef zur Stationsleitung weiter-
bilden lassen. Das wäre schön! Andererseits ist die Lernerei auch
sehr anstrengend, seit vergangenem Oktober geht das so... Im
Moment arbeite ich in einem Seniorenheim, aber langfristig will
ich wieder in ein Krankenhaus wechseln, denn ich mag es, wenn
alle paar Tage neue Patienten kommen.

**Haben Sie einen Tipp für Krankenpfleger aus anderen
Ländern, die hier in Deutschland arbeiten wollen?**

Der Anfang ist schwierig: man kann die Sprache nicht so gut,
man hat Angst. Aber man muss vermeiden, dass diese Angst
alles kaputt macht.

*Drei Jahre, nachdem dieses Interview geführt wurde, befindet
sich Luminita Iancu wieder in einer Weiterbildung, diesmal zur
Pflegedienstleiterin, während sie gleichzeitig hochschwanger ist.*

3. Internationales Recruiting für (sozial)pädagogische Fachkräfte

Nicht nur in der Pflege, sondern auch in anderen Arbeitsfeldern des Sozial- und Gesundheitswesens herrscht Personalnotstand. Pädagogische Fachkräfte wie Erzieher und Heilerziehungspfleger werden genauso dringend gesucht wie Alten- und Krankenpfleger. Dennoch ist die Skepsis der Arbeitgeber im pädagogischen Bereich gegenüber der Personalgewinnung im Ausland sogar noch größer als in der Pflege. Das hat vor allem einen Grund: Im Gegensatz zu den Pflegeberufen stehen andere Berufe des Sozial- und Gesundheitswesens wie eben Erzieher nicht auf der Positivliste der Mangelberufe der Bundesagentur für Arbeit (Stand Herbst 2017). Personen aus dem Ausland können trotzdem eingestellt werden und es gelten grundsätzlich dieselben rechtlichen Regelungen bezüglich Aufenthaltstitel, Arbeitserlaubnis und Anerkennung der Abschlüsse wie für Pflegekräfte. Mit dem Unterschied, dass die Vorrangprüfung im Rahmen der Arbeitsgenehmigung der Bundesagentur für Arbeit hier in jedem Fall durchgeführt wird. Es wird also für jeden vakanten Arbeitsplatz geprüft, ob nicht ein Deutscher oder ein EU-Bürger dafür zur Verfügung steht, bevor der internationale Bewerber eingestellt werden darf. Auch bei der Anerkennung der Berufsabschlüsse gibt es keine garantierte inhaltliche Anerkennung wie bei den Pflegeausbildungen aus anderen EU-Mitgliedsstaaten, sondern es wird in jedem Fall individuell geprüft, ob die Ausbildung im Herkunftsland mit der in Deutschland vergleichbar ist und welche Kompetenzen der internationalen Fachkraft noch fehlen. Das macht die Sache noch ein bisschen komplizierter – aber durchaus nicht unmöglich.

Und warum ist der Beruf des Erziehers nicht auf der Positivliste der Mangelberufe aufgeführt, obwohl der Fachkräftemangel in deutschen Kitas seit Langem bekannt ist? „Die Bundesagentur für Arbeit sagt uns, dass das daran liegt, dass viele offene Erzieher-Stellen nicht beim Arbeitsamt gemeldet werden und in der dortigen Statistik nicht auftauchen", erklärt Olivia Brohl-Schaffron vom Welcome Center Sozialwirtschaft Baden-Württemberg: „Es ist unbedingt notwendig, dass die Einrichtungen ihre freien Stellen melden, damit die Anwerbung von ausländischen Fachkräften durch die Erklärung zum Mangelberuf vereinfacht werden kann."

Die politische Erkenntnis, dass es sinnvoll sein kann, das Berufsfeld des Erziehers auf die Positivliste zu setzen bzw. die Arbeitsaufnahme ausländischer Fachkräfte zu fördern, zeigt der Beschluss der Jugend- und Familienministerkonferenz (JFMK), die am am 18./19. Mai 2017 in Quedlinburg stattgefunden hat (http://bit.ly/2HAzcS3):

Aus dem Beschluss der Jugend- und Familienministerkonferenz zu TOP 7.3:„Fachkräftegewinnung Erzieher und Erzieherinnen"

Die Jugend- und Familienministerkonferenz und das Bundesministerium für Familie, Senioren, Frauen und Jugend stellen fest, dass durch die Umsetzung des Rechtsanspruchs auf Kindertagesbetreuung, durch qualitative Verbesserungen, einen andauernden Kitaplatz-Ausbau sowie die Weiterentwicklung des Ganztagsbetriebs an Schulen ein steigender Fachkräftebedarf im Berufsfeld der Erzieherin und des Erziehers zu verzeichnen ist. Um diesem erfolgreich gerecht zu werden, bedarf es einer vorausschauenden Planung sowie Kriterien, die das Berufsfeld der Erzieherin und des Erziehers in der gewandelten Form Rechnung tragen und stark für die Zukunft machen. Bund und Länder werden in einer gemeinsamen Arbeitsgruppe (BMFSFJ, BMAS, Ländervertreterinnen und -vertreter der JFMK) und unter Einbeziehung der ASMK und KMK ein Maßnahmenpaket zur Fachkräftesicherung und -gewinnung im Berufsfeld der Erzieherin und des Erziehers erarbeiten.

Bestandteile des Maßnahmenpakets sollen insbesondere sein:

1. Analyse der aktuellen und zukünftigen Fachkräftesituation und -bedarfe unter Beachtung der Ersatzbedarfe

2. Prüfung einer verbesserten Förderung durch die Arbeitsverwaltung (u. a. **Anerkennung als Mangelberuf**, Förderung eines dritten Ausbildungsjahres, **Förderung ausländischer Fachkräfte**)

3. Erhöhung der Vollzeitquote / Wochenarbeitszeit

4. Entwicklung innovativer Arbeitszeitmodelle

5. Maßnahmen zur Erhöhung der Attraktivität der Ausbildung

6. Erhöhung der Bindewirkung von Erzieherinnen und Erziehern

Weitere Unterschiede zwischen den pflegerischen und anderen Berufen der Branche: Der Verhaltenskodex der Weltgesundheitsorganisation gilt für pädagogische Berufe nicht. Diesbezüglich gibt es also keine Einschränkungen. Während die Pflegeberufe reglementierte Berufe sind, bei denen auf jeden Fall das Anerkennungsverfahren durchlaufen werden muss, können andere, insbesondere akademische Berufe im Sozial- und Gesundheitswesen nicht reglementiert sein, sodass das Anerkennungsverfahren freiwillig (aber dennoch empfehlenswert) ist. Erzieher zählt jedoch genau wie Gesundheits- und Krankenpfleger zu den reglementierten Berufen. Eine erzieherische Ausbildung oder ein erziehungswissenschaftliches Studium sind als Voraussetzung notwendig. Der im Ausland erworbene Berufsabschluss muss auf Gleichwertigkeit geprüft werden. Wird der Antrag auf Feststellung der Gleichwertigkeit abgelehnt, besteht noch die Möglichkeit, eine Schulfremdenprüfung abzulegen. Die Prüfung umfasst das theoretische Wissen des kompletten Lehrplans der deutschen Erzieher-Ausbildung.

Nützliches Werkzeug:

- Die „Regulated professions database" der Europäischen Kommission: Damit finden Sie heraus, welche Berufe reglementiert, also anerkennungspflichtig sind, http://bit.ly/2yJgxPZ

Obwohl die Anwerbung von pädagogischen Fachkräften aus dem Ausland mit zusätzlichen Hürden verbunden ist, gibt es auch in diesem Bereich Pilotprojekte, die Sie sich als interessierter Arbeitgeber ansehen können. So hat die Stadt Stuttgart beispielsweise Erzieher aus Rumänien rekrutiert.

Seit 2016 gibt es außerdem das Modellprojekt „PuMa" (Punktebasiertes Modellprojekt für ausländische Fachkräfte, http://bit.ly/2x W57X2) in Baden-Württemberg. Es richtet sich an ausländische Fachkräfte mit einem qualifizierten Berufsabschluss in Nicht-Engpassberufen. Wenn sie bestimmte Kriterien erfüllen, wird ihnen eine „hinreichende Integrationsfähigkeit" attestiert und sie erhalten den Zugang zum Arbeitsmarkt. Das zentrale Kriterium sind fortgeschrittene Deutschkenntnisse – mit Niveau B2 werden sofort die notwendigen 100 Integrationspunkte erreicht. Wer Deutsch nur auf Niveau B1 oder A2 spricht (darunter ist die Projektteilnahme nicht möglich), muss weitere Punkte durch andere Kriterien sammeln. Es zählen eine gut integrierte Verwandtschaft ersten oder zweiten Grades in Baden-Württemberg, ein früherer Aufenthalt in Deutschland oder im EU-Ausland oder fortgeschrittene Englisch- oder Französischkenntnisse.

Als Heilpädagogin von Andalusien nach Bayern: „Man erreicht Dinge, die vorher nicht vorstellbar waren"

Irina Cepeda Romero (30) aus Granada kam vor vier Jahren als pädagogische Fachkraft nach Deutschland. In Spanien hatte sie Sonderpädagogik und Psychopädagogik auf Lehramt studiert und bereits einen Bachelorabschluss in der Tasche. Ihr Masterstudium in den Fächern Ernährungswissenschaften und Genetik unterbrach sie, um einen Freiwilligendienst in einem Kindergarten in Bayern zu beginnen.

Frau Cepeda Romero, wie kamen Sie nach Deutschland?

Die Organisation A.G.E. y R. hat mir beim Start in mein Abenteuer geholfen und mir den Platz für meinen Freiwilligendienst vermittelt. Nach elf Monaten im Kindergarten habe ich in eine Förderschule desselben Trägers gewechselt und dort zehn weitere Monate Praxiserfahrungen gesammelt. Währenddessen habe ich einen Antrag gestellt, um mein Studium anerkennen zu lassen. Das war ein langer und kostspieliger Prozess. Das Anerkennungsverfahren mit viel Bürokratie, Übersetzungen und Seminaren hat etwa zwei Jahre gedauert. Dann war es endlich geschafft und ich war staatlich anerkannte Heilpädagogin. Ich konnte einen weiteren Schritt in meiner Karriere machen und endlich in meinen eigentlichen Beruf einsteigen. Ich arbeite jetzt in einem heilpädagogisch orientierten Hort.

Wie ging es Ihnen emotional während der Zeit?

Inzwischen fühle ich mich gut integriert und wohler denn je. Ich bin froh, in diesem harmonischen Team und in meinem erlernten Beruf arbeiten zu können! Ich habe auch meinen Freund in Deutschland kennengelernt, meine Eltern mögen ihn sehr. Bis dorthin war es aber ein anstrengender Weg voller Zweifel und

Probleme, vor allem im ersten Jahr. Die neue Sprache, die neue Kultur – am Anfang war alles anders. Wie viele andere musste ich feststellen, dass die deutsche Sprache wirklich sehr schwierig ist. Meine Familie war plötzlich weit weg, ich fühlte mich alleine, hatte meine Komfortzone verlassen. Dazu kam das andere Klima – es ist schon eine Umstellung von Andalusien nach Bayern! Inzwischen habe ich mich weitgehend daran gewöhnt, wenn auch nicht komplett. So ein Schritt in unbekanntes Terrain geht schon an die Substanz. Aber man stellt auch fest, dass man es schafft, Dinge zu erreichen, die wenige Wochen vorher noch nicht vorstellbar waren.

Was hat Ihnen bei der Eingewöhnung in Deutschland geholfen?

Es hat mir geholfen, dass mir mein Arbeitgeber im ersten Jahr einen Intensiv-Deutschkurs finanziert hat. Dort habe ich schnell die Grundlagen der Sprache gelernt und mich dadurch im Alltag besser zurechtgefunden. Auch ein Aufbaukurs wurde mir finanziert. Eine weitere Stütze war, dass es im Unternehmen einen Ansprechpartner gab, der Spanisch sprach. Ich konnte jederzeit zu ihm gehen, wenn ich mich hilflos und überfordert fühlte, und er griff mir immer unter die Arme! Egal ob es um sprachliche Schwierigkeiten ging oder darum, einen Kühlschrank zu besorgen. Nachdem es ohne Auto im ländlichen Bayern schwierig war, holte ich im zweiten Jahr mein Auto aus Spanien nach Deutschland. Damit ist es nun deutlich angenehmer!

Was ist in Ihren Augen das Wichtigste, das Arbeitgeber wissen sollten, die ausländische Fachkräfte beschäftigen?

Viele vergessen, dass es nicht nur darum geht, die fremde Sprache zu lernen, sondern auch darum, die neue Kultur zu erleben und zu verstehen. Anfangs hatte ich – typisch Klischee – Probleme mit der Pünktlichkeit. In Deutschland muss man einige Minuten vor der angesagten Zeit da sein – in Spanien eher eine Viertelstunde danach! Die frühen Ladenöffnungs- und Schließzeiten und das frühe Mittag- und Abendessen waren gewöhnungsbedürftig für mich. Wenn man die Kultur im neuen Land verstehen und nachvollziehen kann, fällt es einem auch leichter, sich anzupassen, sich sogar mit der Kultur zu identifizieren, sich schließlich wohlzufühlen und sich irgendwann vorstellen zu können zu bleiben.

Pioniere gesucht! Denn wer sich als Arbeitgeber an die Anwerbung von pädagogischen Fachkräften aus dem Ausland heranwagt, hat den Vorteil, dass er noch nicht in Konkurrenz zu so vielen anderen Unternehmen unterwegs ist, wie das in der Pflege der Fall wäre.

4. Fazit: Digitale Unterstützung und anhaltende Wanderbewegungen als Trends im internationalen Recruiting

Ein neues Phänomen ist das internationale Recruiting in Deutschland nicht, bereits in den 1960er- und 70er-Jahren wurden koreanische und philippinische Krankenschwestern in fünfstelliger Anzahl nach Deutschland geholt, bis die Bundesregierung 1973 einen Anwerbestopp aussprach. Doch wenn man so will, erlebt das internationale Recruiting jetzt einen erneuten Boom. Laut der Bertelsmann-Studie „Internationale Fachkräfterekrutierung in der deutschen Pflegebranche" stieg die Zahl der sozialversicherungspflichtig Beschäftigten mit ausländischer Staatsangehörigkeit (frisch Zugewanderte und Migranten der zweiten und dritten Generation ohne deutschen Pass) erstmals deutlich im Jahr 2013 an. In der Krankenpflege betrug die Steigerung 18 Prozent und in der Altenpflege 34 Prozent gegenüber dem Vorjahr. Mit Abstand die meisten Personen stammten in diesen ersten Jahren aus Polen, der Türkei und Kroatien. Der auffallende Anstieg ab 2013 hängt mit der Reform der Beschäftigungsverordnung in jenem Jahr zusammen, die die Arbeitsmigration für Fachkräfte mit einer nicht-akademischen Berufsausbildung erleichterte.

Was ist neu gegenüber früheren Wellen internationaler Rekrutierung? Aufgrund der digitalen Vernetzung haben Arbeitgeber Einblicke in eine Vielzahl von Projekten und können aus den Erfahrungen der Vorreiter lernen. Inzwischen gibt es auch erste Start-ups, die sich mit der Entwicklung digitaler Anwendungen beschäftigen, die das internationale Recruiting erleichtern sollen. Zum Beispiel den Anbieter jobkraftwerk.com, der den Internet Start-up Award 2016 und den 1. Preis beim „Businessplan-Wettbewerb Berlin-Brandenburg" 2016 erhalten hat. Bei seinem Angebot handelt es sich um eine App für sogenanntes „Digitales Integrationsmanagement". Zum Beispiel können damit Lebenslauf und Kompetenzen einer ausländischen Fachkraft in deren Muttersprache erfasst und dann qualitätsgesichert in einen deutschen Lebenslauf umgewandelt werden. Außerdem lassen sich Integrationspläne erstellen. Die Beantragung von Arbeitserlaubnissen und die Kommunikation mit den zuständigen Behörden werden durch die Software vereinfacht und angeleitet, sodass der Arbeitgeber die Dienste teurer Organisationsberatungen einspart.

Der allerwichtigste Erfolgsfaktor im internationalen Recruiting liegt allerdings nicht in digitalen Hilfsmitteln verborgen, sondern ist sehr menschlicher Natur. Alle Best Practice-Projekte, die ich mir während der Recherche angesehen habe, hatten eines gemeinsam: Es waren eine oder mehrere Personen verantwortlich beteiligt, deren Engagement für die Anwerbung und Integration ausländischer Fachkräfte wirklich von Herzen kam. Deren Motivation weit über eine professionelle Herangehensweise hinausging. Vielleicht haben diese Projektverantwortlichen einmal ganz sachlich mit dem Auftrag begonnen, neue Wege der Personalgewinnung auszuprobieren, doch inzwischen ist das Kümmern um jeden einzelnen Mitarbeiter, der aus dem Ausland neu zu den Teams stößt, zur Berufung geworden. Mir sind Projektleiter begegnet, die dafür brennen, ihren persönlichen Beitrag zur Weiterentwicklung eines vereinten Europas zu leisten. Oder dafür, Menschen eine zweite Chance zu geben, mit denen es das Leben bisher nicht so gut gemeint hat. Geschäftsführer, die mit ganzen Gruppen deutscher Mitarbeiter ins Herkunftsland der ausländischen Fachkräfte reisen, um ihnen Lust auf interkulturelles Lernen zu machen. Ansprechpartner in ausländischen Partnerorganisationen, die ehrenamtlich und mit größter persönlicher Anteilnahme dafür sorgen, dass die junge Generation ihres Landes eine Chance auf ein gutes Leben in Deutschland bekommt. Ich habe eine beeindruckende Herzlichkeit und Freundschaft gesehen, die zwischen internationalen Projektpartnern entstanden ist. In den Augen dieser Beteiligten scheint die Frage, ob internationales Recruiting ein Weg sein kann, dem Fachkräftemangel in Deutschland strategisch zu begegnen, völlig falsch gestellt. Diese Menschen empfinden das interkulturelle Miteinander im Berufsalltag des Sozial- und Gesundheitswesens als so bereichernd, erfüllend und notwendig, dass sie es sich gar nicht mehr anders vorstellen können.

Dort, wo es funktioniert, haben Unternehmen außerdem verstanden, dass internationales Recruiting nicht dann erfolgreich ist, wenn jeder nur auf seine eigenen Bedarfe schaut. Wenn einzelne Arbeitgeber die vielen Löcher in ihrer Personaldecke mit vielen einzelnen Fachkräften aus dem Ausland stopfen und hoffen, dass die wacklige Konstruktion so lange wie möglich hält. Wenn sie untereinander im Wettbewerb stehen und argusäugig darüber wachen, dass die internationalen Fachkräfte nicht zu konkurrierenden Unternehmen oder sogar in andere Länder wechseln. Erfolg entsteht vielmehr dann, wenn das Sozial- und Gesundheitswesen als Branche mit vereinten Kräften ausländische Pflegekräfte nach Deutschland holt, sie professionell nachqualifiziert und gut integriert, sodass der Pool an Bewerbern, aus dem alle schöpfen können, insgesamt wieder größer wird. Denn dass Mitarbeiterschaften sich in ständiger Bewegung befinden, ist heute Standard. Ein Gesundheitskonzern, der mehrere hundert Mitarbeiter mit ausländischer Staatsangehörigkeit beschäftigt, berichtete mir, dass rund zwei Drittel von ihnen über andere Pflegeeinrichtungen nach Deutschland gekommen seien. Genauso, wie die deutsche Generation Y es sich nicht mehr vorstellen kann, 40 Jahre beim selben Arbeitgeber zu bleiben, behalten es sich eben auch internationale Fachkräfte vor, ihren Lebensentwurf ständig weiterzuentwickeln. „Die Vorstellungen von Migration als zielgerichtete einmalige Wanderungsbewegung treffen oft nicht mehr zu", heißt es im Strategiepapier „Arbeitsmigration und Pflege" der Diakonie Deutschland. „Immer mehr Menschen wandern zu Ausbildungs- oder Arbeitszwecken mehrfach zwischen den Ländern hin und her." Das macht es zwar einerseits nicht gerade einfacher für deutsche Arbeitgeber, aber andererseits relativiert es das Verständnis vom vermeintlichen „Scheitern" internationaler Rekrutierung.

Weitere resümierende Erkenntnisse formulierten die Teilnehmer der Jahrestagung 2017 des Netzwerks SoCareNet Europe, die sich die internationale Personalgewinnung als Thema vorgenommen hatte. „Am interessantesten war die Erkenntnis, dass alle ähnliche Erfahrungen gemacht haben und alle an der Stelle nur mit Wasser kochen", sagt eine Teilnehmerin. „Es gibt nicht den ultimativen Weg, und die Erfahrungen werden erst in den nächsten Jahren zeigen, wie nachhaltig das Ganze ist." Ein anderer Teilnehmer ergänzt: „Es geht nicht nur um das Stopfen von Lücken durch Fachkräfte aus dem Ausland, sondern auch darum, von anderen Kulturen zu lernen. Sich anzuschauen: In welchen Rahmenbedingungen sind sie unterwegs und welche Strategien haben sie, um das [für die deutsche Pflege] mitzunehmen." Einig war man sich, dass deutsche Arbeitgeber ein Erfolgsrezept für gelingende Arbeitsmigration nicht allein hervorbringen können. Dass sie darauf angewiesen sind, dass sich die Regierungen an einen Tisch setzen und eine strategische Lösung finden. Dass rechtliche Hürden abgebaut werden, so zum Beispiel die Anerkennung ausländischer Abschlüsse bundesweit einheitlich gestalten wird, die Zuwanderungsgesetze mit all ihren Sonderregelungen vereinfacht und Fördermittel zur Verfügung gestellt werden. Auch ein Gütesiegel für Personalvermittler wird gefordert. Weitere Stimmen hören Sie in dieser Audioumfrage: http://bit.ly/2jaqDmp.

Eine letzte interessante Erkenntnis stammt aus der Bertelsmann-Studie zur internationalen Fachkräfterekrutierung in der Pflege: Unternehmen, die internationales Recruiting betreiben, haben viel häufiger (71 Prozent) anhaltende Probleme bei der Stellenbesetzung als diejenigen, die kein internationales Recruiting betreiben (56 Prozent). Gleichzeitig ergreifen sie viel häufiger als die anderen auch zahlreiche weitere Methoden zur Personalgewinnung und -bindung wie Weiterbildungsprogramme, Maßnahmen für ein besseres Betriebsklima, für die Vereinbarkeit von Familie und Beruf und zur Senkung des Krankenstandes. Sie geben häufiger Bewerbern mit schlechten Deutschkenntnissen eine Chance, bilden mehr aus, schaffen mehr altersgerechte Arbeitsplätze und versuchen, ein besseres Entgelt als die Konkurrenz zu zahlen. Eigentlich sollte man davon ausgehen, dass es sich genau andersherum verhält: Wer viele Maßnahmen zur Personalgewinnung und -bindung ergreift, hat eben gerade weniger anhaltende Probleme mit der Stellenbesetzung als andere. Die Studie versucht eine Erklärung: „Dies könnte darauf hinweisen, dass Unternehmen ihr Personalmanagement anpassen, wenn konkrete Engpasslagen auftreten." Genauso ist es. Aus eigener Erfahrung in der Branche kann ich sagen, dass all diese Maßnahmen viel zu spät eingeleitet werden. Jahrelang verschließt man die Augen vor der Unzufriedenheit der Mitarbeiter, der altmodischen Strategie der Personalabteilung und dem Fachkräftemangel. Erst wenn es gar nicht mehr anders geht, stößt man hyperaktiv einen ganzen Kanon von Maßnahmen an und wundert sich, dass der neue Facebook-Kanal, das internationale Recruiting-Programm oder der neue Hinweis auf familienorientierte Dienstpläne in der Stellenanzeige nicht innerhalb weniger Monate das Ruder herumreißen. Aber so schnell geht das eben nicht. Was jahrelang beiseitegeschoben wurde, wird nun auch einige Jahre brauchen, um seine Wirkung zu entfalten. Grund genug, mit dem internationalen Recruiting rechtzeitig zu beginnen und es nachhaltig aufzubauen.

Quellen und weiterführende Informationen

*Die hier angegeben Verlinkungen wurden zuletzt aufgerufen
am 16. Februar 2018.*

Literaturverzeichnis

Bonin, Prof. Holger, Ganserer, Angelika, Graeseke, Dr. Grit: Internationale
Fachkräfterekrutierung in der deutschen Pflegebranche
(Bertelsmann Studie, 2015, http://bit.ly/1QRm8Kd)

Brandstäter, Johannes: Arbeitsmigration und Pflege, Strategiepapier
und Handreichung für Einrichtungsträger (Diakonie Deutschland,
2014, http://bit.ly/2z6CA3m)

Dietz, Annette Metzler, Christoph und Werner, Dirk:
Willkommenskultur im Unternehmen (Institut der deutschen
Wirtschaft Köln e. V., 2016, http://bit.ly/2z4Vav3)

Herrmann, Annett: Personalarbeit 4.0 – Arbeit kompetenzorientiert
gestalten, Handbuch für das Sozial- und Gesundheitswesen
(Waxmann, 2017)

Körtek, Yasemin, Reidel, Alexandra-Isabel: Arbeitsmarktzugang für
Ausländer: Rechtliche Rahmenbedingungen der Beschäftigung
von Asylbewerbern, Flüchtlingen, Drittstaatenangehörigen
und EU-Bürgern im Überblick (Walhalla, 2016)

Manhart, Verena: Abschiebung trotz Pflegenotstand (diakonie.de,
2016, http://bit.ly/2BDNgHf, letzter Aufruf am 3.12.17, in einer
überarbeiteten, aktualisierten Version ins Buch übernommen)

Menzel, Maria: Ausländische Pfleger helfen – und fordern heraus
(Welt Online, 13.12.14, http://bit.ly/2tyVbnx)

Robra, Dr. Anne, und Böhne, Dr. Alexander: Willkommenskultur –
Ein Leitfaden für Unternehmen (2016, Bundesvereinigung
der Deutschen Arbeitgeberverbände, http://bit.ly/2z3p7ch)

Schäfer, Maja: Leitfaden „Employer Branding in Sozial- und Pflegeeinrichtungen" (Diakonie Deutschland, 2017, http://bit.ly/2h3niqZ)

Schäfer, Maja: Von der Au-pair-Stelle übers FSJ in die Altenpflege-
Ausbildung (Blog „SOZIALE BERUFE kann nicht jeder", 15.3.13,
http://bit.ly/2BkhRx1)

Schäfer, Maja: Integration durch Pflege: Shadi aus Syrien wird Pflegehelfer bei der Diakonie-Station Weißensee (Blog „SOZIALE BBERUFE kann nicht jeder", 26.4.16, http://bit.ly/2kUpD5F)

Schäfer, Maja: In Rumänien dürfen Krankenpfleger mehr (Blog „SOZIALE BERUFE kann nicht jeder", http://bit.ly/2kwMR2A, letzter Aufruf am 22.12.17)

Schindler, Jörg: Im Feindesland (Der Spiegel Nr. 49/2017, Seite 96 ff.)

Schneider, Matthias: Nachhaltige internationale Personalgewinnung (Bildungswerk der Baden-Württembergischen Wirtschaft e. V., 2017, http://bit.ly/2A6EDnW)

Schröer, Dr. Hubertus et al.: Integration – wie geht das? (Hessisches Ministerium der Justiz, für Integration und Europa, 2012, http://bit.ly/2cdY3ye)

Stähler, Gerhard, und Apel, Wolfgang: Strategien internationaler Personalbeschaffung (Schäffer Poeschel, 2015)

Der globale Verhaltenskodex der Weltgesundheitsorganisation für die internationale Anwerbung von Gesundheitsfachkräften (Weltgesundheitsorganisation, 2010, http://bit.ly/2iSkKwC, deutsche Version unter http://bit.ly/2A0FAxf)

Peters, Verena et al.: Handlungsempfehlungen für die Fachkräfte-gewinnung in der Altenpflege – Auszug aus der Studie „Begleitung des Pilotprojekts Fachkräftegewinnung für die Pflegewirtschaft" (Bundeswirtschaftsministerium, 2016, http://bit.ly/2DSvNMY)

Weiterführende Links

ager-granada.com: Verein heimgekehrter Auswanderer in Granada, Spanien

almanyayolu.org: virtuelle Beratungsstelle für junge Menschen aus der Türkei, die nach Deutschland zuwandern möchten

anerkennung-in-deutschland.de: Informationsportal des Bundes-bildungsministeriums

arbeitsagentur.de/unternehmen/arbeitskraefte/gefluechtete: Informationen der Bundesagentur für Arbeit zur Beschäftigung von geflüchteten Menschen

arbeitsagentur.de/unternehmen/arbeitskraefte/migration-check-arbeitgeber: „Migration-Check" der Bundesagentur für Arbeit bamf.de/DE/Willkommen/DeutschLernen/DeutschBeruf/Bundesprogramm-45a/bundesprogramm-45a-node.html: Berufsbezogene Deutschsprach-förderung (gem. § 45a AufenthG) des Bundesamtes für Migration und Flüchtlinge

bosch-stiftung.de: Robert Bosch Stiftung, Förderprogramme z. B. zur Qualifizierung in den Gesundheitsberufen

bq-portal.de: Informationsportal für ausländische Berufsqualifikationen des Bundesministeriums für Wirtschaft und Energie

diakonie-hamburg.de/de/visitenkarte/zaa/: Zentrale Anlaufstelle Anerkennung

ec.europa.eu/eures/public/de/: Eures – Das Europäische Portal Zur Beruflichen Mobilität

ec.europa.eu/growth/tools-databases/regprof/: „Regulated professions database" der Europäischen Kommission

erasmusplus.de: Erasmus+, Förderprogramme z. B. für Aus- und Weiter-bildungsaufenthalte im Ausland von bis zu zwölf Monaten

esf.de: Europäischer Sozialfonds für Deutschland, Förderprogramme z. B. zur Unterstützung von kleinen und mittleren Unternehmen bei der Integration von ausländischen Fachkräften

eupars.com: Personalagentur EUPaRS

fachkraefte-offensive.de: Das Portal zur Fachkräfteoffensive des Bundes-arbeitsministeriums, des Bundeswirtschaftsministeriums und der Bundesagentur für Arbeit

goldenline.pl: polnisches Karrierenetzwerk

ilo.org/global/topics/fair-recruitment: Fair Recruitment Initiative der Internationalen Arbeitsorganisation der Vereinten Nationen

imove-germany.de: Initiative des Bundesministeriums für Bildung und Forschung zur Internationalisierung deutscher Aus- und Weiter-bildungsdienstleistungen

jobkraftwerk.com: App für digitales Integrationsmanagement

learnmatchintegrate.de: Programm einer jungen Organisationsberatung zur Vermittlung von Fachkräften aus Albanien

make-it-in-germany.com: ein Angebot des Bundeswirtschaftsministeriums, des Bundesarbeitsministeriums und der Bundesagentur für Arbeit

socarenet.org: Offenes internationales Projekt-Netzwerk von Anbietern
sozialer und gesundheitlicher Dienstleistungen in Mittel- und Osteuropa

thejobofmylife.de: „The job of my life": Angebot des Bundesarbeitsministeriums

triple-win-pflegekraefte.de: Rekrutierungsprogramm der Gesellschaft
für internationale Zusammenarbeit

viadeo.com: französisches Karrierenetzwerk

welcome-center-sozialwirtschaft-bw.de: Welcome Center Sozialwirtschaft
Baden-Württemberg

www3.arbeitsagentur.de/web/content/DE/Detail/index.htm?dfContentId=
EGOV-CONTENT457363: Modellprojekt „PuMa" (Punktebasiertes
Modellprojekt für ausländische Fachkräfte)

zav.de: Zentrale Auslands- und Fachvermittlung der Bundesagentur
für Arbeit

Die Autorin

Maja Roedenbeck Schäfer (Jahrgang 1976) lebt mit ihren beiden Söhnen in Berlin. Die studierte Kommunikationswissenschaftlerin und ausgebildete Hörfunkredakteurin verantwortet hauptberuflich das Karriereportal karriere.diakonie.de der Diakonie Deutschland. Sie unterstützt die Träger und Einrichtungen des evangelischen Wohlfahrtsverbandes dabei, ihr Recruiting zu modernisieren und zu digitalisieren. Als Dozentin zum Thema Recruiting und Personalmarketing ist sie unter anderem für die Quadriga-Hochschule, die Bundes- und Führungsakademien für Kirche und Diakonie und im Fortbildungsprogramm WALHALLA Seminare tätig.

Sie bloggt auf personalgewinnung-in-der-pflege.de und schreibt nebenberuflich Sach- und Fachbücher, unter anderem: „Recruiting to go für Sozial- und Pflegeeinrichtungen" (WALHALLA, 2017) und „Personalgewinnung in der Pflege – Innovative Ideen einfach umgesetzt" (Elsevier, 2014).

Ihre Autorenwebseite ist erreichbar unter maja-roedenbeck.de.

Stichwortverzeichnis

Stichwortverzeichnis